U0477861

本专著为湖南省教育科学"十四五"规划2021年度青年资助专项课题"职业教育培训评价组织效能发挥的机制研究"（XJK21QZJ001）成果

藩篱与跨越：
职业教育『1+X』证书制度研究

龚添妙　高树平　谢盈盈　著

海峡出版发行集团｜福建教育出版社

图书在版编目（CIP）数据

藩篱与跨越：职业教育"1＋X"证书制度研究/龚添妙，高树平，谢盈盈著. —福州：福建教育出版社，2023.9
　ISBN 978-7-5334-9708-8

　Ⅰ.①藩… Ⅱ.①龚… ②高… ③谢… Ⅲ.①职业教育－职业技能－鉴定－劳动制度－研究－中国 Ⅳ.
①G719.2

中国国家版本馆CIP数据核字（2023）第127256号

Fanli Yu Kuayue：Zhiye Jiaoyu "1＋X" Zhengshu Zhidu Yanjiu

藩篱与跨越：职业教育"1＋X"证书制度研究

龚添妙　高树平　谢盈盈　著

出版发行	福建教育出版社
	（福州市梦山路27号　邮编：350025　网址：www.fep.com.cn
	编辑部电话：0591-83727542
	发行部电话：0591-83721876　87115073　010-62024258）
出 版 人	江金辉
印　　刷	福州报业鸿升印刷有限责任公司
	（福州市仓山区建新镇建新北路151号　邮编：350082）
开　　本	710毫米×1000毫米　1/16
印　　张	12.5
字　　数	180千字
插　　页	3
版　　次	2023年9月第1版　2023年9月第1次印刷
书　　号	ISBN 978-7-5334-9708-8
定　　价	39.00元

如发现本书印装质量问题，请向本社出版科（电话：0591-83726019）调换。

前　言

　　职业教育是一种教育类型，具有与普通教育同等重要的地位。经济全球化和信息化的当下，高素质、高技能、高适应力的人力资源是国家的重要生产力，教育国际化趋势推动了职业教育高质量发展，终身教育理念的盛行要求搭建技术技能人才成长的立交桥。2019年1月，《国家职业教育改革实施方案》提出启动"1＋X"证书制度试点工作，先后印发《关于在院校实施"学历证书＋若干职业技能等级证书"制度试点方案》《职业技能等级证书监督管理办法（试行）》《职业教育培训评价组织遴选与监督管理办法（试行）》《职业技能等级标准开发指南（试行）》等文件，推动"1＋X"证书制度的实施。"1＋X"证书制度是一个多维度、多元化、发展性的概念，反映了社会、市场、企业和学生个人发展需求的满足与扩张的演变。从制度本身看，在政府职能"放管服"改革转型背景下，"1＋X"证书制度以社会化运作方式促进学习者满足人才市场对技术技能人才的需求。从教育领域来看，"1＋X"证书制度实施，不仅推动了职业院校开展复合型技术技能人才培养培训模式改革，还带来了教育评价制度改革。从人才供给领域来看，"1＋X"证书传递了求职者的职业能力信号，用人单位根据这种职业能力信号筛选适合不同岗位的劳动者，"1＋X"证书制度也是一项就业筛选机制。

　　本书聚焦于职业教育"1＋X"证书制度的实施与推进，从梳理我国证书制度的发展与演进入手，剖析了"1+X"证书制度的不同主体与价值诉求，分析了"1+X"证书制度实施现状，通过借鉴国外职业资格证书制度的典型做法及成功经验，探寻了职业教育"1+X"证书制度的优化路径，并在此基础上研究了职业院校人才培养模式的改革。遵循"背景研究—本体研究—实践研究"的演绎逻辑，用八个章节的篇幅对我国职业教育"1+X"证书制度做了深入解读与全新建构，具体框架如下。

导论部分阐释了研究的背景与价值，梳理了研究的国内外现状，界定了核心概念，明晰了理论基础，并进行了研究的总体设计。

第一章从历史角度梳理了我国教育证书制度和职业证书制度发展脉络，总结了"1+X"证书制度带来的创新。

第二章研究了职业教育"1+X"证书制度的主体，分别讨论了"1+X"证书制度实施主体、开发主体、政策制定主体、其他相关者的定位及价值诉求。

第三章研究了"1+X"证书制度实施的障碍。对我国职业资格证书制度实践中引发的主要问题进行梳理，对"1+X"证书制度体系及试点工作开展现状进行了深入分析。

第四章研究了"1+X"证书制度的国际经验借鉴与启示。选取英国、德国的国家职业资格证书制度为样本，概括和总结其国家职业资历框架制度的架构经验及其实践中的具体做法，揭示国家职业资历框架制度构建的共性特征或一般规律，为探索我国"1+X"证书制度提供经验借鉴与启示。

第五章研究了职业教育"1+X"证书制度的优化，从制度如何完善、如何促进书证的深度融通、提升职业技能等级证书的社会认可及评价的改革与创新等几方面提出了"1+X"证书制度的具体优化措施。

第六章研究了"1+X"证书制度下职业教育人才培养模式变革，反思了职业院校人才培养模式的现状、提出了改革路向，并从目标、课程、教学方法、教师、管理与评价等方面提出了具体对策。

第七章展望了职业教育"1+X"证书制度的未来发展趋势，重点回答了培训评价组织可能功能的拓展。

第八章研究了工业4.0时代高职院校技术技能人才的培养,从工业4.0带来的转型力量出发,明确了工业4.0对职业教育提出的新要求,职业教育应以教育目的转型为核心,应对工业4.0带来的挑战。

本书为湖南省教育科学"十四五"规划青年资助课题"职业教育培训评价组织效能发挥的机制研究"(课题编号:XJK21QZJ001)研究成果,是研究团队通力协作的集体智慧结晶。其中,导论及第二、五、七、八章及第六章部分为龚添妙撰写,第一、四章及第六章部分为高树平撰写,第三章为谢盈盈撰写。限于作者科研能力水平和写作水平,本书不足之处在所难免,敬请各位专家、学者和广大职业教育同仁不吝赐教。

目　录

导　论 ·· 1
 第一节　研究背景与研究价值 ··· 1
  一、研究背景 ·· 1
  二、研究价值 ·· 4
 第二节　研究现状与研究述评 ··· 4
  一、国内研究现状 ·· 5
  二、国外研究综述 ··· 10
  三、研究述评 ··· 11
 第三节　核心概念界定与理论基础阐述 ································ 11
  一、核心概念界定 ··· 12
  二、理论基础阐释 ··· 18
 第四节　研究基本思路与研究框架 ······································ 27
  一、研究目标 ··· 27
  二、研究思路 ··· 27
  三、研究方法 ··· 28
  四、研究框架 ··· 28
  五、基本观点 ··· 30

第一章　职业教育"1＋X"证书制度产生的历史必然 ··············· 31
 第一节　我国证书制度的演进和发展 ·································· 31

  一、我国教育证书制度的发展 ………………………………… 32
  二、我国职业证书制度的发展 ………………………………… 33
  三、教育证书与职业证书的互动 ……………………………… 36
 第二节 "1+X"证书制度产生的内在逻辑 ……………………… 37
  一、"1+X"证书制度带来的创新 …………………………… 37
  二、"1+X"证书制度的价值意蕴 …………………………… 40

第二章 职业教育"1+X"证书制度的主体定位及价值诉求 … 44
 第一节 职业院校定位及价值诉求 ………………………………… 44
  一、职业院校的角色定位 ……………………………………… 44
  二、职业院校的价值诉求 ……………………………………… 45
 第二节 培训评价组织定位及价值诉求 …………………………… 48
  一、培训评价组织的角色定位 ………………………………… 48
  二、培训评价组织的价值诉求 ………………………………… 52
 第三节 政府定位及价值诉求 ……………………………………… 53
  一、政府的角色定位 …………………………………………… 54
  二、政府的价值诉求 …………………………………………… 54
 第四节 其他相关者的价值诉求 …………………………………… 56
  一、参与主体学生的价值诉求 ………………………………… 57
  二、社会相关者的价值诉求 …………………………………… 57

第三章 职业教育"1+X"证书制度的现状 ……………………… 59
 第一节 职业教育"1+X"证书制度的实施现状 ………………… 59
  一、"1+X"证书配套制度体系 ……………………………… 59
  二、"1+X"证书制度推进力度 ……………………………… 60
  三、"1+X"证书制度社会关注和认可度 …………………… 61

第二节　职业教育"1+X"证书制度存在的问题·········· 62
一、"1+X"证书制度实施中的问题 ················· 62
二、"1+X"证书制度实施中的问题反思 ·············· 65

第三节　"1+X"证书制度中培训评价组织最大效能发挥的挑战 ····· 68
一、教育公益性与企业盈利性的平衡 ················ 68
二、职业技能等级证书与资格证书并行关系的处理 ········ 69
三、职业技能等级证书社会公信力的保障 ············· 70
四、培训评价组织同行间竞争力的保持 ·············· 71

第四章　国外职业资格证书制度借鉴 ················ 72
第一节　英国职业资格证书制度 ·················· 72
一、英国职业资格证书制度的发展概况 ·············· 73
二、英国职业资格证书制度对我国的启示 ············· 81

第二节　德国职业资格证书制度 ·················· 83
一、德国职业资格证书制度的发展概况 ·············· 83
二、德国职业资格证书制度对我国的启示 ············· 89

第五章　职业教育"1+X"证书制度的优化路径 ··········· 92
第一节　制度的完善 ······················ 92
一、明确职责划分，深化跨界合作关系 ·············· 92
二、完善成本分担机制，提升参与积极性 ············· 93
三、推进国家资历框架建设，畅通发展通道 ············ 95
四、加强政府监管，提升过程的公平性 ·············· 96

第二节　书证的融通 ······················ 97
一、深化人才培养模式改革 ··················· 98
二、重构课程教学体系 ····················· 99
三、深化三教改革 ······················· 100

第三节　社会认可的提升 …………………………………… 101
一、重塑人本理念 ……………………………………………… 101
二、坚持质量发展 ……………………………………………… 102
三、提升考证意愿 ……………………………………………… 103
四、增强多方信度 ……………………………………………… 104

第四节　评价的改革 ………………………………………… 105
一、自主选择，关照实用与个性兼顾 ………………………… 105
二、德技并修，注重综合能力评价 …………………………… 106
三、三方主体，拓宽评价方式 ………………………………… 107
四、互通衔接，匹配同级评价标准 …………………………… 108

第六章　"1+X"证书制度下职业教育人才培养模式变革 …… 110

第一节　"1+X"证书制度下人才培养模式的现实反思 ……… 110
一、缘何掀起"1+X"证书制度下人才培养模式改革的热潮 …… 111
二、关于"1+X"证书制度下高职人才培养模式的质疑 ……… 114

第二节　"1+X"证书制度下人才培养模式的创新方向 ……… 117
一、建构职业学历教育与技能培训相结合的复合型人才培养模式 ……
　………………………………………………………………… 118
二、从教授"一技之长"转向培养"一专多能"的复合型人才 … 119
三、建立职业学历教育与职业培训成果的认定、积累和转换制度 ……
　………………………………………………………………… 119

第三节　职业院校人才培养模式的创新路径 ………………… 120
一、"1+X"证书制度下技能人才的培养目标再定位 ………… 121
二、"1+X"证书制度下职业院校课程体系的重构 …………… 125
三、"1+X"证书制度下职业院校教学方法的变革 …………… 130
四、"1+X"证书制度下职业院校教师的培养 ………………… 136

五、"1+X"证书制度下职业院校评价的改革 …………… 142
　　六、"1+X"证书制度下职业院校管理的革新 …………… 149

第七章　"1+X"证书制度中培训评价组织功能的扩展 ……… 156
第一节　培训评价组织成为第三方评价主体的可能性 ……… 156
　　一、高职教育第三方评价的主体特性辨析 ……………… 157
　　二、高职教育第三方评价实施的主体困境剖析 ………… 159
　　三、培训评价组织开展第三方评价的优势 ……………… 162

第二节　培训评价组织开展第三方评价的可行路径 ………… 165
　　一、坚持德技并修，以育人为本作为评价导向 ………… 165
　　二、依托职业技能等级证书，重点开展专业评价 ……… 166
　　三、借助职业技能等级证书培训，开展双师教师技能认定 … 167
　　四、基于社会化等级认定，创新技能人才评价方式 …… 167

第八章　工业4.0时代高职院校技术技能人才培养的展望 …… 169
第一节　工业4.0与转型的力量 …………………………… 169
　　一、工业4.0的发展与特征 ……………………………… 170
　　二、工业4.0的驱动力量 ………………………………… 172
　　三、工业4.0的颠覆性影响 ……………………………… 174

第二节　工业4.0与职业教育的转型 ……………………… 176
　　一、工业4.0与第四次教育革命 ………………………… 176
　　二、第四次教育革命与职业教育的转型 ………………… 178

第三节　工业4.0与高职院校技术技能人才培养的应对 …… 183
　　一、大数据赋能职业院校专业动态调整 ………………… 184
　　二、虚拟仿真赋能职业院校教学方式创新 ……………… 185
　　三、在线学习赋能职业院校个性化人才培养 …………… 185
　　四、物联网赋能职业院校主体融合 ……………………… 186

导　论

经济全球化和信息化的当下，高素质、高技能、高适应力的人力资源是国家的重要生产力，教育国际化趋势推动了职业教育高质量发展，终身教育理念的盛行要求搭建技术技能人才成长的立交桥。"1+X"证书制度的实施正是适应新时代新需求的创举。

第一节　研究背景与研究价值

一、研究背景

全球化和信息化是社会发展的重要趋势。国家应对全球经济发展、科技革命与产业变革的能力与是否拥有高素质、高技能、高适应力的人力资源紧密相关。持续提升潜在和现有人力资源的知识、技能和素养是提高国家竞争力的关键。随着世界经济不断发展和人工智能时代的到来，许多传统工作岗位正逐渐消失，社会对人才需求已经发生重大变化，对技术技能人才的适应力、创新素质、服务技术进步和产业变革的能力有了新要求。为适应不断变化的产业发展和技术变革需求、服务人的全面发展，职业院校不仅要开展学历教育，还要面向在校学生、在职者、求职者、转岗转业者等群体实施高质量的职业培训，实现职业院校的"转型升级"，为提高国家竞争力提供人才支撑。

如果学习者通过教育和培训所获得的学分在不同国家之间（包括教育和职业领域）得到认可，那么这种教育和培训所产生的价值便会增加。基于悉尼协议、博洛尼亚进程、欧盟终身学习资格框架等国际教育标准，不同国家和地区的学习者可以达到国际公认的学习成果，打通学习者的国际流动渠道，促进教育质量不断提升。然而，传统的学业评价方式对技术技能人才的国际流动带来两大困难：一是课程成绩难以全面、客观地反映学习者的技术技能水平和职业素养；二是各国在相同职业领域中的教育与培训课程存在差异，无法实现互认。

技术技能人才的终身学习和可持续发展是提升经济发展水平、促进社会和谐的重要力量。面对服务国家战略、满足市场需求、提升人才素质与能力的新挑战，职业院校应重新审视自己的愿景和使命，依据不断变化的市场和不同类型学习者的职业发展需求，提供基于先进标准的教育与培训，以绩效和成果为导向，培养创新型、复合型技术技能人才。学历教育与职业培训并举并重、相互融合意味着职业院校不仅要培养在校生成功进入职场的能力，还要通过高质量的培训，提高在职者的职业能力、贡献率，以及跨行业、跨区域、跨国工作能力，畅通人才成长通道，拓展就业创业本领，提高经济收入和社会地位。

早在 20 世纪 90 年代，国家就提出了职业教育实行两种证书制度的想法和规划。经过 20 多年的试点和实践探索，双证书制度在职业教育中不断深化，对于培养学生职业素质与技能、提高学生就业创业能力、促进职业教育教学改革等做出了重大贡献，为后续进一步改革和深化调整积累了大量经验。但是随着时代变迁和职业教育新问题、新情况的产生，双证书制度在实践中出现了一些值得注意的问题。传统社会分工和经济结构在现代科技创新时代受到了强烈冲击和深刻影响，新的职业和工作岗位大量出现，而与此相对应的职业资格证书体系却没有能够实现同步发展更新。在放权与服务的改革背景下，大量职业资格证书被取消，仅保留了那些涉及重要行业、重要职业和重要岗位的140种资格证书,同时进一步将职业的规范、考评、技能评判等权利下放给社会性组织。以上两个方面的因素导致了现有的职业资格证书对于新行业、新职业、新工作岗位的覆盖面十分有限,同时开发速度相对滞后,证书体系的更新周期较长,因而跟不上时代发展的要求,造成了现有职业资格证书不够用、不好用。随着国家将一部分职业规范、考评、技能评判等权利的下放,一些社会性机构组织开发了一系列的行业或岗位资格证书,对于丰富和发展职业教育的资格证书体系起到了一定的积极作用。但总体而言,社会化证书普遍存在着通用性不强、社会认可度不高、含金量不足等问题,由于缺乏统筹安排,各行业企业和组织各自独立开发,造成了多数社会化职业资格证书内容上交叉重叠、专业口径上宽窄不一、适用范围上较窄、稳定性上较差、规范性上不强等一系列问题,与职业教育人才培养的需求相比还存在较大差距。

双证书制度下由国家和行业企业组织等开发的职业资格证书、社会化证书都指向职业应用领域,实际上对于职业院校教育教学并没有给予真正考虑或者说考虑甚少,因此双证书制度下的证书不能满足和适应职业教育的需要与特点。更为重要的是,双证书出自不同的体系,有着不同的逻辑、标准和适用规则,因此两者之间的融合难度很大,很难在职业教育的课程体系和教育过程中有机地贯彻落实。双证书制度理念毫无疑问是正确的,但随着时代和科技的发展,其面临的问题也显而易见,因此时代呼唤新的制度和办法来解决这一问题,"1+X"证书制度应运而生。

2019年1月,《国家职业教育改革实施方案》提出启动"1+X"证书制度试点工作,先后印发了《关于在院校实施"学历证书+若干职业技能等级证书"制度试点方案》《职业技能等级证书监督管理办法(试行)》《职业教育培训评价组织遴选与监督管理办法(试行)》《职业技能等级标准开发指南(试行)》等文件,"1+X"证书制度体系得到了完善,在全国本科和职业院校开展了"1+X"证书制度试点工作。但在试点过程中出现了市场化、功利化、培训化等误区，职业技能等级标准和教学标准融合难等问题。随着"1+X"证书制度实施的大规模推进，在政策体系仍不十分完善的当下，研究试点过程中出现的问题，并明确其发展路向，具有显著意义。

二、研究价值

开展"1+X"证书制度研究，有以下三个方面价值。

一是有利于规避"1+X"证书制度实施障碍，推进国家资历框架建设。国家资历框架建设是复杂的系统工程，"1+X"证书制度是国家资历框架建设的重要内容。研究可以化解"1+X"证书制度大规模实施的潜在风险，促进学历证书与职业技能等级证书的融通，实现国家资历框架沟通不同教育类型、促进终身学习的目标，有效推进国家资历框架建设。

二是有利于促进职业教育人才培养模式改革，提升培养质量。"1+X"证书制度落脚点在人才培养上，研究"1+X"证书制度的内涵实质，职业技能等级证书的开发、教育培训评价组织的地位作用等，能为职业院校人才培养模式改革提供理论依据，为校企进一步深化合作提供指导，促进培养质量的整体提升。

三是有利于为教育行政部门决策提供参考依据，为职业院校提供借鉴。研究对"1+X"证书制度体系及试点工作开展现状进行调研，预判大规模实施的风险，提出规避方法，对教育行政部门出台相关政策和法律、法规具有直接的应用价值。同时以具体学院、具体专业为个案进行实践探索，其典型经验做法能为其他职业院校提供参考与借鉴。

第二节　研究现状与研究述评

通过知网输入主题"1+X"证书制度，搜索到相关文献资料3000余篇,且全部为 2019 年以后发表;通过 CIPP 图书查询,绝大部分"1+X"证书制度书籍为教材。可以说,"1+X"证书制度在国内学术界尚属一个新生事物。

一、国内研究现状

(一)"1+X"证书制度的内涵研究

唐以志认为,职业技能等级证书是"职业技能水平的凭证,反映职业活动和个人职业生涯发展所需的综合能力"。"1"是基础,"X"是"1"的补充、强化和拓展。① 杜沙沙等认为,"1+X"证书制度是"学历证书+职业技能等级证书"的简称。学历证书是学制系统内实施学历教育的学校或教育机构,对完成学制系统内一定教育阶段的学习任务的受教者所颁发的文凭,是个人达到学历教育人才培养规格最低要求的凭证,学历证书标识着学习者的学习资历、学识水平及劳动技能。职业技能等级证书是按照国家规定的职业技能标准,通过政府授权的考核鉴定机构,对劳动者的专业知识和技能水平进行客观公正、科学规范的评价与认证的凭证。② 吴南中等认为,职业技能等级证书指的是通过职业教育与职业培训,获取某个职业的技能等级认可的证书。职业技能等级证书不是进入职业的门槛要求,而是在特定的标准之下,对不同职业形成的相对统一的职业水平证书,证明证书的持有者在证书的职业领域有特定层次的技能水平。③ 通过总结,"1+X"证书制度的精髓主要体现在职业技能等级标准与各个层次职业教育的专业教学标准相互对接;"X"证书的培训内容与专业人才培养方案的课程内容相互融合;"X"证书的培训过程与

---

① 唐以志. 1+X 证书制度:新时代职业教育制度设计的创新[J]. 中国职业技术教育,2019(16):5—11.

② 杜沙沙,蒲梅. 学分银行理念下"1+X"证书制度:内涵阐释、价值诉求与路径选择[J]. 中国职业技术教育,2019(19):44—49.

③ 吴南中,夏海鹰. 以资历框架推进职业教育 1+X 证书制度的系统构建[J]. 中国职业技术教育,2019(16):12—18.

学历教育专业教学过程统筹组织、同步实施;"X"证书的职业技能考核与学历教育专业课程考试统筹安排,同步考试与评价;学历证书与职业技能等级证书体现了学习成果的相互转换。

(二)"1+X"证书制度的价值研究

程舒通从制度创新角度出发,认为"1+X"证书制度实施是缓解结构性就业矛盾、提升应用型本科高校竞争力和职业院校整体办学能力的需要,认为职业院校是培养高素质技术技能人才的主要场所,开展"1+X"证书制度试点工作对于缓解"有人无岗"和"有岗无人"的矛盾,解决技工短缺、熟练工短缺、新型人才短缺的问题具有重要的现实意义。且无论是从硬件资源还是从软件资源来看,"1+X"证书制度都将对职业院校的发展起到促进作用,有利于其整体办学能力的提升。[①] 闫智勇、姜大源等从治理角度探讨了"1+X"证书制度的价值,认为"1+X"证书制度能调动多个部门和多元治理主体协作和互动,实现"良治"和"善治"的现代职业教育治理体系建设目标;可以推动产业、行业、企业、教育行政主管部门、人力资源管理部门以及各类职业教育学校等发挥合力。教育部系统的职业院校可以借助人社部和行业企业等的职业资格证书,系统地提高师生的实践技能,从而更好地提升人才培养质量,降低就业的结构性矛盾;人社部系统和教育部系统的学历证书实现等值互认,可以增加技工院校毕业生的发展机会,从而更好地实现职业教育系统内部的公平竞争和协同竞合。[②] 徐凤、李进从职业教育角度出发,认为"1+X"证书制度为产教融合、校企合作提供了有效载体,有利于复合型技术技能人才的培养。[③] 史洪波基于教育筛选理论视角,认为"1+X"证书制度契合了职业教育的类型特征、消解了职业教育信号的寻

[①] 程舒通. 1+X证书制度试点工作:诉求、解析与误区的防范[J]. 教育与职业,2019(15):19-24.

[②] 闫智勇,姜大源,吴全全. 1+X证书制度的治理意蕴及误区规避[J]. 教育与职业,2019(15):5-12.

[③] 徐凤,李进. 1+X证书制度在职业教育创新发展中的价值及试行路径研究[J]. 中国职业技术教育,2019(27):9-12.

租风险、重塑了基于技术本体的资质标准。① 吴南中从职业资历框架出发,认为职业技能等级证书为资历框架的完善提供了支撑。

(三)"1+X"证书制度的问题研究

陈丽婷、李寿冰认为,"1+X"证书制度最大的尴尬就是如何快速提升"X"职业技能等级证书的含金量和社会认可度;其次是培训评价组织的资质、社会属性、标准开发等问题还需要持续监管与完善;再次是试点院校的职责与实施问题。② 刘吕亮等认为,"1+X"证书制度存在缺少顶层设计,证书定位模糊;考核标准未统一,证书信度难以保证;缺少衔接制度,课程与证书很难融通;技能鉴定机构匮乏,配套机制不完善等问题。③ 黄娥从利益相关者视角出发,认为"1+X"证书制度文化环境和制度环境缺失,受"学而优则仕"的文化传统影响,我国传统教育理念多以"精英教育"为主导,导致职业教育社会地位低下的困境,政策制定主体主要是教育主管部门,行业企业的缺位导致他们并没有真正参与到职业教育人才培养中来。存在主体利益的短视和失衡,如何平衡行业追求利润的动机和等价交换的市场机制与公共管理部门追求社会效益最大化和非竞争性机制之间的矛盾等需要被重视。各利益相关主体松散、权责不明晰、约束性弱。人才培养和评价制度封闭,职业技能等级证书的劳动人事制度和财政管理制度也尚未建立,学习者无法通过职业技能等级证书等非学历培训提高资历和就业的优势,以获取更高的经济报酬和社会地位。④

(四)"1+X"证书制度的运行路径研究

张伟、李玲俐归纳了"1+X"证书制度实施面临的困难,包括:学

---

① 史洪波. 职业教育 1+X 证书制度的背景、意蕴与实践——基于教育筛选理论的视角 [J]. 教育与职业,2019 (15):13—18.

② 陈丽婷,李寿冰. 1+X 证书制度实施的意义与现实问题分析 [J]. 职业技术教育,2020 (27):13—18.

③ 刘吕亮,王德云,刘芳. 对职业教育 1+X 证书制度试点工作推进的思考 [J]. 教育与职业,2020 (19):61—65.

④ 黄娥. "1+X"证书制度体系构建的困境与出路——基于利益相关者视角 [J]. 成人教育,2020 (4):42—49.

校及师生认识亟须提升、人才培养方案等与经济发展需求脱节、校企合作不够深入、双师型教师数量严重不足等。程舒通归纳了"1+X"证书制度实施难点：不同地区证书制度工作开展不均衡、学校差异性导致机会不均等，并提出要规避的误区。不同学者提出了"1+X"证书制度的运行路径，总结如下：一是发挥教育部门的统筹作用；二是完善顶层设计与体制机制，建立与其配套的管理体制机制；三是突出培训评价组织和职业院校的主体作用；四是促进职业技能等级标准与专业教学标准对接融合；五是健全师资人员配置，夯实基础设施建设等。

（五）"1+X"证书制度中培训评价组织研究

培训评价组织是"1+X"证书制度中重要的主体，但是它在我国职业教育领域尚属于新生事物，目前对培训评价组织研究非常少，已有的研究主要有以下几个方面。

培训评价组织的内涵研究。唐以志认为，培训评价组织是以社会化机制招募的，集行业组织、教育机构、评价机构的属性为一体，具备凝聚行业企业、院校和考核评价机构力量的多功能社会组织。[①] 李寿冰等认为，培训评价组织必须具备以下特征：熟悉某一职业技能领域所属产业发展的新技术、新工艺等，能够开发职业技能等级证书及标准，建设有相关教学培训资源；具有良好的校企合作基础，具备证书推广的条件和能力；有相关职业教育或培训的经验，建立良好的运行机制和制度体系。[②] 龚添妙等认为，培训评价组织是职业技能等级标准开发主体、职业技能评价考核者、职业教育培训实施者、职业教育资源聚合者和职业教育治理体系优化者。[③]

培训评价组织的发展障碍研究。陈丽婷等认为，培训评价组织获得

[①] 唐以志.1+X证书制度：新时代职业教育制度设计的创新[J].中国职业技术教育，2019（16）：5—11.

[②] 李寿冰，高艳芳，满冬.1+X证书制度试点下职业教育培训评价组织建设与监管[J].中国职业技术教育，2020（7）：50—53.

[③] 龚添妙，杨虹.1+X证书制度中培训评价组织的角色定位及最大效能发挥[J].教育与职业，2020（6）：33—38.

长远发展的最大制约是职业技能等级证书的含金量与社会认可度;① 郭建如对以市场竞争机制解决证书的动态更新和合法性问题表示了怀疑,认为市场机制可能会向需求方提供混乱信号;② 刘吕亮认为,目前对培训评价组织的政策定位不够清晰,经费投入和保障机制不健全,顶层设计还存在一定的滞后性;③ 李虔等提出,应对企业过度逐利风险、平衡企业的盈利性与制度要求的教育性矛盾是培训评价组织发展的关键问题;④ 杜怡萍认为,培训评价组织企业主体作用未能充分发挥,目前培训评价组织教育型企业参与积极性远高于生产型企业。⑤

培训评价组织的培育研究。部分学者对培训评价组织的发展提出了建设性的策略。王航宇等从制度层面提出,要健全培训评价组织遴选机制,加强监督管理,建立动态调整机制。⑥ 陈丽婷提出,国家要配套专项保障资金和完善配套政策。杜怡萍认为,应推进国家资历框架制度、学分银行建设,营造支撑培训评价组织发展的社会环境。⑦ 其他学者提出,要健全考核评价标准,提升职业技能等级证书含量,保障培训评价组织社会认可度和公信度;创新人才培养模式,促进书证融通;推行弹性学制和学分制度,注重成果认证和转换等策略。

---

① 陈丽婷,李寿冰. 1+X证书制度实施的意义与现实问题分析[J]. 职业技术教育,2020(27):13—18.

② 郭建如. 职教1+X证书制度的财政支持政策探析[J]. 职业技术教育,2020(27):7—12.

③ 刘吕亮. 对职业教育1+X证书制度试点工作推进的思考[J]. 教育与职业,2019(19):61—65.

④ 李虔,卢威,尹兴敬. 1+X证书制度:进展、问题与对策[J]. 国家教育行政学院学报,2019(12):18—25.

⑤ 杜怡萍. 1+X证书制度实施的要件、挑战及策略[J]. 教育学术月刊,2020(4):35—41.

⑥ 王航宇,王斌,王宇红. "优秀职业教育培训评价组织"培育借鉴及路径研究[J]. 职教论坛,2019(9):156—159.

⑦ 杜怡萍. 资历框架、学分银行、1+X证书制度的关系解析及施策思考[J]. 职业技术教育,2020(25):12—16.

二、国外研究综述

通过文献搜索，国外并没有"1+X"证书制度，但其国家资历框架制度与我国"1+X"证书制度比较接近，可借鉴。目前，世界上已有150多个国家和地区建立了资历框架，相关研究者从不同的角度探讨了国际间资历框架的不同之处。澳大利亚的国家资历框架以学习结果为导向，涵盖各级各类教育，体现层级性和弹性路径统一，刘建青和孙静怡指出澳大利亚资历框架分为10个等级和14个资历类型。南非的国家资历框架以教育公平为导向，李建忠认为主要包括资历的等级、涵盖的领域、资历等方面，介绍了"共同的流通货币""概念学时"等的运用。① 英国的资历框架以合理化关联衔接为导向，属于标准统一型资历框架模式，卢玉梅等人指出英国资历与学分框架（QCF）是"学习单元—资历"二级标准体系。② 张伟远和段承贵详细介绍了英国不同地区并存的5个资历框架。③ 香港地区的资历框架是以职业培训为导向，张伟远等指出香港资历框架有7个级别和能力标准，并制定了统一的"资历级别通用指标"。④

国外并无培训评价组织，但职业教育发达国家人才培养模式中企业承担着部分与培训评价组织相似的功能，能够为课题研究提供借鉴。德国"双元制"模式中国家立法支持校企合作办学、政府出面干预并使校企合作制度化；政府设立"产业合作委员会"，对企业和学校双方进行监控，给予合作企业一定的财政补偿；企业以职业技能培训为主且培训时间长；学校每个专业设立专业委员会等。美国"合作教育"模式中以学校为主办学，学校根据所设专业的需要与有关企业签订合作合同，企业

---

① 李建忠. 澳大利亚资历框架等级标准评析 [J]. 职教论坛，2011（10）：83—87.

② 卢玉梅，王延华，刘志鹏. 英国资历与学分框架（QCF）标准体系探究 [J]. 电化教育研究，2013（10）：71—75.

③ 张伟远，段承贵. 英国实施各级各类教育衔接和沟通的实践与教训 [J]. 中国远程教育，2014（4）：11—18+95.

④ 张伟远，段承贵. 终身学习立交桥建构的国际发展和比较分析 [J]. 中国远程教育，2013（9）：9—15.

提供岗位和报酬，参与学生技能教学及评价。澳大利亚"TAFE"模式由政府主导，同企业行业密切合作，具有统一教育和培训标准，面向职业资格准入，融合职业资格和职业教育，强调终身教育培训，充分强调"以职业能力为本位"等，这些可以为本课题提供国际借鉴。

三、研究述评

分析可知，"1+X"证书制度研究起步晚，文献研究总量少，且存在以下不足：一是注重宏观研究，多集中于制度本身，对于培训评价组织的定位、证书实际开发、考核标准制定等微观问题研究较少，而这些恰恰是职业院校实施中常遇见的问题。二是注重理论研究，实践层面的推动与经验借鉴几乎没有，特别是对于院校在操作层面可能会面临的问题及如何规避风险研究为零。三是研究成果较为零散，相互间缺乏内在逻辑与联系，不成体系，成果缺少普适性和广泛指导性。鉴于此，本著作从制度本身出发，结合职业院校实际应用，进行障碍预判与风险规避研究，抓住了热点，具有较高的研究价值。

第三节　核心概念界定与理论基础阐述

"1+X"证书制度是职业教育领域的新制度，对职业教育内涵和特征的明确，以及理清职业教育与普通教育、技术教育的关系是研究的重要内容。"1+X"证书制度是在职业资格证书制度、"双证书"制度之后的重大创新，是教育证书制度与职业证书制度的融合，具有深远的意义。

一、核心概念界定

(一) 职业教育：多维度解读

在教育史上，关于职业教育的解释很多。杜威认为，职业教育就是为从事职业工作做准备的教育；斯内登认为，凡为生活做准备的教育都可称为职业较育；梅斯在《职业教育的原理和实践》中指出，职业教育是为学生将来从事各种特定职业做准备的教育；《国际教育辞典》指出："职业教育是指在学校内或学校外为提高职业熟练程度而进行的全部活动，它包括学生培训、校内指导、课程培训、现场培训和全员培训。当今则包括职业定向、特殊技能培训和就业安置等内容。"[①] 以下是几种代表性的表述。

《辞海》（中国，1999）对职业教育的界定，"给予学生或在职人员从事某种生产、工作所需的知识、技能和态度的教育。"[②]《产业教育振兴法》（韩国，1990）提出，"产业教育是指技术高级中学、职业高中、专业大学、实业系统的大学，或经教育部长官认可并设有实业系统的学科及课程的普通高级中学或普通大学，为使学生能够从事农业、工业、商业及其他产业而进行的知识、技术及态度的教育（包括家庭）而言。"[③] 世界银行（1993）提出，"职业教育（vocational education）是在学校中为技术工人作准备的，部分课程是专门职业理论和实践；技术教育（technical education）指的是为技术人员作准备，大多在中学后进行，这些机构大多被称为理工或工业学院。"[④] 世界银行把职业教育分成九类：

---

① 周明星. 藩篱与跨越：高等职业教育人才培养模式与政策 [M]. 武汉：华中师范大学出版社，2018：21.
② 《辞海》编辑委员会. 辞海 [M]. 上海：上海辞书出版社，1999：516.
③ 马早明. 亚洲四小龙职业技术教育研究 [M]. 福州：福建教育出版社，1998：267—271.
④ MIDDELTON J, ZIDERMAN A and ADAMS A V. Skills for productivity: vocational education and training in developing countries [M]. New York: Oxford University Press，1993.

传统的学生训练、常规的学生训练、企业培训、部分培训机构、与项目相关的培训、中等职业学校、综合性学校、多样化中等学校、职业学校。联合国教科文组织（2001）认为，"'技术与职业教育'是作为一个综合术语来使用的，它所指的教育过程除涉及普通教育之外，还涉及学习与经济及学习与经济和社会的各部门的职业有关的技术及各门学科及获得相关的实际技能、理解能力和知识。技术与职业教育还进一步理解为：普通教育的一个组成部分；准备进入某一就业领域以及有效加入职业界的一种手段；终身学习的一个方面以及成为负责任的公民的一种准备；有利于环境的可持续发展的一种手段；促进消除贫困的一种方法。"[1]

在职业教育发展到21世纪的今天，职业教育被界定为：在一定普通教育的基础上，对社会各种职业、各种岗位所需要的就业者和从业者所进行的职业知识、技能和态度的职前教育和职后培训，使其成为具有高尚的职业道德、严明的职业纪律、宽广的职业知识和熟练的职业技能的劳动者，从而适应就业的个人要求和客观的岗位需要，推动生产力的发展。从职业教育的实践角度来看，可以从广义和狭义两个方面来理解：从广义上说，它泛指一切增进人们的职业知识和技能，培养人们的职业态度，使人们能顺利从事某种职业的教育活动；从狭义上说，它就是指学校职业教育，即通过学校对学生进行的一种有目的、有计划、有组织的教育活动，使学生获得一定的职业知识、技能和态度，以便为学生将来从事某种职业做准备。

职业教育的实践不断促进职业教育领域的扩展。我国的职业教育包括职业学校教育和职业培训。职业学校教育从纵向看，包括初、中、高三个层次。其中，初等职业教育包括职业初中、初中后的"3+1"等；中等职业教育包括中专、技校、职业高中及成人中专；高等职业教育包括职业大学、职业技术学院、高等技术专科学校、成人高校、高级技工学校以及普通高等学校中设置的二级学院职业技术学院。从横向看，它

---

[1] 联合国教科文组织. 世界技术与职业教育纵览［M］. 刘来泉，译. 北京：高等教育出版社，2002：68.

包括农业职业教育、工业职业教育、商业职业教育、金融财贸职业教育、政法职业教育、服务职业教育，以及卫生、艺术、体育等方面的职业教育。职业培训包括就业培训、转业培训、提高培训等。

1. 职业教育与普通教育

职业教育对应于普通教育。普通教育也称一般教育，指通过使受教育者掌握具有永恒普遍价值的知识、观念、工具和方法，促使受教育者身心全面和谐发展的基础性教育。普通教育内容具有以下几个特点：（1）普遍性。即其内容是比较稳定的，具有普遍意义的，适应于任何职业，而不是仅适应于个别职业。（2）永恒性。普通教育内容一般是经过实践检验确证无误、逻辑严密的规律性知识体系、观念体系、方法体系和工具体系，这些内容具有能长期发挥作用的潜在力量。（3）基础性。普通教育内容本身不属于专业技术知识，但它是学习专业技术知识必需的基础，可以为各种专业技术知识提供一种共同的学术基础，它制约着专业工作者专业技术水平的高度和深度。（4）教养性。普通教育内容具有提高人的文化素养、丰富精神生活、健全思想、陶冶情操、塑造品格的作用。（5）全面性。普通教育内容涵盖人类知识宝库中的精华，让人身心得到全面发展。

普通教育既不是自由教育，也不是专业教育。任何一种教育思想及由此产生的教育制度都不是凭空出现的，它有两方面的基础：一是历史传统的影响；二是社会现实的需要。前者表现为对传统的继承，后者则表现为对传统的改造。普通教育亦然。它一方面继承了自由教育的某些长处，如在教育目的上强调对人的理性及一般素质的培养，在课程设置及其教学上强调知识的系统性及不同学科的整体联系等；另一方面它又针对工业化社会过分强调专业教育出现的现实问题，主张人文、社会科学应当与自然科学有同等地位，必须赋予职业目的过强的专业教育以一种人文性质。因此，为满足社会现实的需要，普通教育在课程设置上对专业教育的不足进行了必要的改造。普通教育通过人文科学、社会科学和自然科学相对广博的课程设置和教学，赋予了自由教育新的内涵，在教学生为人处世方面起到了关键作用，又与专业教育携手共进，教学生如何学习及克服专业教育划分太细所造成的障碍，为深入学习专业知识奠定了基础。

综上所述，普通教育也好，职业教育也好，都只是一种人为的划分而已。从本质上来看，这两类教育是相互融合和依存的。如约翰·S. 布鲁贝克曾说："对普通教育持广阔的观点是必要的，因为一个人必须不仅为工作作好准备，而且要为工作变换作好准备。普通教育和职业教育必须携手并进。"① 现实中也是如此。如在普通教育阶段，日益强化的劳动技术和科技制作发明等教育融入了现代职业教育因素；在职业教育阶段，逐渐加强的人文知识和文化基础知识，则是普通教育的范畴。二者互为依存，协调发展，顺应了"普通教育职业化，职业教育普通化"的国际教育改革发展潮流。

2. 职业教育与技术教育

在论及职业教育时，人们常常对职业教育与技术教育纠缠不清。我们有必要区分二者的概念。

"技术"，在 1979 年版《辞海》中叙述为：技术是"泛指根据生产实践经验和自然科学原理而发展成的各种工艺操作方法与技能"。在 1985 年版《科学辞典》中叙述为："技术是为社会生产和人类物质文化生活需要服务的，供人类利用和改造自然的物质手段、精神手段和信息手段的总和。""技术"一词在工业革命以前的含义是"艺术和手工技巧"。在工业革命以后，"技术"的内涵不仅是手工技巧，而且包含了逐渐增多的智能技巧。随着社会的进一步发展，社会活动日益丰富，"技术"一词的应用愈显广泛，从而导致对"技术"的理解和表述的多样化。"技术"的内涵从物质性领域又走向了非物质性领域。同时，"技术"最初的内涵"艺术和手工技巧"却反而逐渐淡化而致消失。当今，我们在应用"技术"一词时，通常是指智能技术。技术指一种专门的手段和方法的体系，为

---

① ［美］约翰·S. 布鲁贝克. 高等教育哲学［M］. 王承绪，等译. 杭州：浙江教育出版社，2001：95.

达到一定目的而采取符合该目的的所要求的行动、方式、方法和手段。

技术教育。科学的根本职能在于认识世界，回答"是什么""为什么"；技术的根本职能在于发现世界，回答"做什么""怎么做"。所以，在培养一线应用型人才的职业教育中，技术教育占有重要地位。技术教育有两种主要含义，一种是源于18世纪的欧洲国家，认为培养技术工人的教育是技术教育。另一种源于20世纪，把培养技术型人才的教育称为技术教育。根据目的不同，技术教育可以分为为取得某种职业资格或为从事某种职业而进行的职业教育，以及针对某种职业需求而进行的技术教育。前者主要在中学后阶段进行，后者主要在义务教育阶段进行，其目的在于培养学生的劳动观念、劳动习惯，使学生学会一些劳动技能，属于职业陶冶，而非职业技术教育。

职业是社会的分工，技术是人对自然（或客观世界）改造的手段工艺；职业的载体是人，技术的载体包括物与人，因此二者属于两个不同的范畴。技术能力是职业的主要能力，职业教育与技术教育密不可分。职业教育培养学习经验技术为主的技能型人才，技术教育培养学习理论技术为主的技术型人才。

（二）"1+X"证书制度概念界定

随着社会经济发展和技术进步，我国职业教育已进入由规模扩张向内涵提升发展的新时代。2019年1月，国务院颁布了《国家职业教育改革实施方案》，提出"从2019年开始在职业院校、应用型本科高校启动'学历证书+若干职业技能等级证书'制度（以下简称"1+X"证书制度）试点工作"。[①] 同年4月，教育部等四部门印发了《关于在院校实施"学历证书+若干职业技能等级证书"制度试点方案的通知》，进一步明确了"1+X"证书制度的目标和试点内容。为有效推进职业教育改革、实施"1+X"证书制度，需要明确"1+X"证书制度的内涵和价值

---

① 国务院关于印发国家职业教育改革实施方案的通知［EB/OL］.［2019-04-04］：http://www.moe.gov.cn/jyb_xxgk/moe_1777/moe_1778/201904/t20190404_376701.html.

意蕴。

对"1+X"证书制度内涵的澄明和理解,不仅影响着该制度的执行与实施,而且也影响着学生乃至社会对"X"证书的认同度。职业技能是劳动者将来就业所需要的技能和能力,对一个人的未来职业起着至关重要的作用。当一个人的能力不足以达到工作岗位需求时,在胜任工作方面就很难实现,无法就业或失业便成为常态。在此意义上,获取职业技能等级证书对于求职者而言至关重要。职业技能等级证书是按照国家规定的职业技能标准,通过政府授权的考核鉴定机构,对劳动者的专业知识和技能水平进行客观公正、科学规范的评价与认证的凭证。学历证书是学制系统内实施学历教育的学校或教育机构,对完成学制系统内一定教育阶段的学习任务的受教者所颁发的文凭,是个人达到学历教育人才培养规格最低要求的凭证,学历证书标识着学习者的学习资历、学识水平及劳动技能。"+"意味着链接融通,即教育世界与工作世界、学历教育与非学历教育、个体学习与职业发展等的链接融通,使人才培养模式更好地体现了职业教育的跨界属性。①

从目前已有关于"1+X"证书制度的概念内涵研究上看,主要集中研究"X"证书是什么及属性、学历证书和"X"职业技能等级证书之间的关系、"1+X"制度整体意涵等方面。部分学者关注学历证书和若干职业技能等级证书的融通,如有学者提出"1+X"证书制度是学历证书和职业技能等级证书互通衔接的一种制度设计,旨在通过育训结合、书证融通,真正培养出产业急需的复合型高质量技术技能人才。② 实现学历证书与职业技能等级证书的互通衔接,需将专业教学标准与职业技能等级标准、教学评价方式与职业技能鉴定方式等相融通。③ 还有部分学者认为

---

① 覃川. 1+X证书制度:促进类型教育内涵发展的重要保障 [J]. 中国高教研究,2020(1):104-108.

② 杜怡萍. 资历框架、学分银行、1+X证书关系解析及施策思考 [J]. 职业技术教育,2020(25):12-16.

③ 杜沙沙,蒲梅. 学分银行理念下"1+X"证书制度:内涵阐释、价值诉求与路径选择 [J]. 中国职业技术教育,2019(20):44-49.

"1+X"证书制度是一种复合型技术技能人才的培养模式,例如有学者认为"1+X"是把学历教育与技能等级证书教育结合起来的一种智能化时代复合型技术技能人才培养模式。① 此外,还有部分学者主张"1+X"证书制度为就业制度和评价制度。例如某学者提出"1+X"证书制度是契合类型教育的评价制度,该项制度针对社会成员的人力资源开发标准,既服务于学校与学生,又服务于社会与企业员工,因此,也是就业制度。②

"1+X"证书制度是一个多维度、多元化、发展性的概念,反映了社会、市场、企业和学生个人发展需求的满足与扩张的演变。从制度本身看,在政府职能"放管服"改革转型背景下,"1+X"证书制度以社会化运作方式促进学习者满足人才市场对技术技能人才的需求。从教育领域来看,"1+X"证书制度实施,不仅将推动职业院校开展复合型技术技能人才培养培训模式改革,同时还将带来复合型技术技能人才在校学习经历的过程性评价与技术技能的终结性评价相结合的教育评价制度改革。从人才供给领域来看,"1+X"证书传递了求职者的职业能力信号,用人单位根据这种职业能力信号筛选适合不同岗位的劳动者,所以说"1+X"证书制度其实也是一项就业筛选机制。

二、理论基础阐释

从法理角度来看,证书是政府部门、机关团体、行业协会等颁发的证明资格,是帮助判定人或事的一种凭证符号,是评价检验水平或能力的一种标志。推行一种制度需要相应的理论基础作支撑,而利益相关者理论、筛选假设理论、新职业主义教育理论等能为"1+X"证书制度的执行和实施提供理论指导。

---

① 徐国庆,伏梦瑶."1+X"是智能化时代职业教育人才培养模式的重要创新[J].教育发展研究,2019(7):21-26.
② 孙善学.对1+X证书制度的几点认识[J].中国职业技术教育,2019(7):22-27.

（一）尊重利益诉求及利益相关者理论

"利益相关者"概念最早是由斯坦福研究中心的研究人员在1963年提出来的，他们认为"有这样一些与企业发展密切相关的利益群体，得不到他们的支持，企业将无法生存"，[①] 之后受到各界关注和重视，并发展成一种理论。该理论诞生于20世纪欧美国家"股东至上"企业管理方式质疑之中，后经历多年实践探索与理论发展，其应用领域已从经济学领域拓展到社会学、法学、教育学等领域。利益相关者理论主要认为企业的经营管理者主要是为了综合平衡和协调各个利益相关者的利益诉求而进行的管理活动，理论体系的核心内容包括利益相关者识别及界定、相关利益主体之间的利益关系，利益相关者则依据不同划分标准划分为不同种类，关键核心在于实现各相关利益主体之间利益的协调与共赢。

费里曼（R. Edward. Freeman）是利益相关者理论的代表性人物。1984年，他在《战略管理：利益相关者方法》一书中首次系统论述了利益相关者理论，不仅对利益相关者进行概念界定，还对该理论如何在企业管理中应用进行了详尽阐释，建立了一个关于利益相关者分析模型。在费里曼看来，"利益相关者是能够影响上个组织目标的实现或能够被组织实现目标的过程影响的人"。[②] 这一广义的定义在目前分析和界定利益相关者中应用得较为广泛。在我国，利益相关者理论研究的早期先驱人物是杨瑞龙。他认为，"利益相关者即凡是能够影响企业活动或被企业活动所影响的人或团体"。[③] 费里曼在利益相关者概念界定的基础上，建立了一个利益相关者分析模型，主张利益相关者管理应该涵盖理性层面、程序层面及交易层面。在理性层面上，通过对利益相关者的理论和核心概念梳理，明确研究对象所涉及的利益相关主体及其正在进行的实践活

[①] 胡子祥. 高校利益相关者治理模式初探 [J]. 西南交通大学学报（社会科学版）. 2007（1）：57—59.

[②] 胡赤弟，田玉梅. 高等教育利益相关者理论研究的几个问题 [J]. 中国高等教育，2010（6）：15—19.

[③] 杨瑞龙，周业安. 企业的利益相关者理论及其应用 [M]. 北京：经济科学出版社，2000：129.

动,以及利益相关主体的各种投入及利益诉求等;在程序层面上,围绕组织规范和协调利益相关者行为及利益而制定的政策或战略,分析组织和利益相关者之间的相互作用关系;在交易层面上,探索如何建立组织利益相关者之间的最优合作方式,明确和协调组织与利益相关者的权益诉求。① 该理论的核心目的是协调各利益相关者之间的关系,追求"最低限度的共识",从而实现整体利益的最大化。利益相关者理论经常被应用到教育领域分析教育公共政策,识别和界定利益相关主体,分析各相关利益主体间的利益关系,进而解决利益矛盾与冲突,为教育公共政策研究提供了一种理论研究视角和执行政策及解决问题的分析框架。

  关于利益相关者的分类方法,主要有以下三种:(1)一维细分法。该方法主要依据利益相关者与研究主体的密切程度,将利益相关者分为核心利益相关者、间接利益相关者及边缘利益相关者。亨利·罗索夫斯基(Henry Rosovsky)依据利益相关者群体与大学这一利益相关组织的利益关系的紧密程度的渐次降低,将大学这一组织划分为了四类群体,主要对象(教师、学生、行政管理人员)、拥有者(董事、校友及捐赠者)、部分拥有者(政府、科研经费提供者等)、其他群体(公众、媒体等)。② 一维细分法划分的维度单一,仅依据利益紧密程度,因此划分方法简单,应用范围比较广泛。(2)二维细分法。该方法在利益相关者对于利益相关者组织的重要性这一维度基础上,增加了利益相关者维度,使利益相关者的分类更加细化。如在关注利益相关者对于利益相关者组织的重要性之外,还要考量利益相关者对利益相关者组织的影响力。③ (3)属性分析法。属性分析法由米切尔提出,又称多维分析法。1997年,美国学者米切尔(Mitchell)和 Wood 将利益相关者的界定与分类结合起

---

  ① 许杰. 论政府对大学进行宏观调控的新向度[J]. 清华大学教育研究,2003(12):35—42.

  ② Henry Rosovsky. The University: An Owner's Manual [M]. W. W. Norton&Company,1991:13—15.

  ③ 高伟,张燚,聂锐. 基于价值链接的高等教育利益相关者网络结构分析[J]. 现代大学教育,2009(2):94—100.

来，依据利益相关者与组织利益关系的权威性、合法性、紧迫性，划分为确定型利益相关者（同时具备以上三种属性，利益相关者组织首要关注和利益密切的利益主体）、预期型利益相关者（以上三种属性中任意两种组合）、潜在型利益相关者（只具备三种属性中的一种）。米切尔属性分析法是一种相对科学的利益相关主体分类方法，但是为了更好地分析利益相关者主体与组织之间的利益密切程度，本研究采用操作简单、应用范围较广的一维细分法。

职业教育"1+X"证书制度存在多元价值主体，各主体间的利益诉求不同，涉及价值的协调、博弈与平衡，准确地分析"1+X"证书制度各类利益相关者的性质与特点，是调动各方积极性的关键，维持利益相关者目标诉求的一致性，是推动合作的基础。其一，识别和划分"1+X"证书制度执行过程中的利益相关者，明确各利益相关者对于组织的利益诉求。职业教育"1+X"证书制度的执行过程是借鉴罗索夫斯基利益相关者分类方法，可将职业教育"1+X"证书制度涉及的利益相关者分为三类：院校、培训评价组织、学生是核心利益相关者；政府是间接利益相关者；家长、用人单位等是边缘利益相关者。其二，尊重和协调各利益相关者的利益诉求及关系。在"1+X"证书制度执行和实施过程中，各利益相关者之间存在利益矛盾或冲突，不仅影响着制度执行者的执行行为的积极性和制度实施成效，还可能造成制度执行的偏差乃至阻滞。有必要在明晰利益相关主体的利益诉求基础上尊重和协调各方利益，如此"1+X"证书制度执行和实施过程即为一个利益相关者组织的利益分配和调节的动态变化过程，需要不断平衡各方利益关系。

（二）促进就业创业及筛选假设理论

筛选假设理论（Screening Hypothesis）是20世纪70年代以美国经济学家迈克尔·斯宾塞（Michael Spence）和罗伯特·索洛（Robert Merton Solow）为代表，提出的将教育视为一种筛选装置，以帮助雇主识别不同能力的求职者，将他们安置到不同职业岗位上的理论。① 在劳动力就业市场中，雇主在招聘求职者过程中面临着信息的不对称以及一些判定人才能力的不确定风险，于是雇主通常需要借助于一定的信息以便识别人才和判定能力水平，从而筛选出合适的求职者，而教育就是一种有效的筛选工具。因为一方面个人能力与受教育水平成正比，在教育成本一定的情况下，能力较强者可以获得较高的受教育水平，能力越高，受教育水平就越高；另一方面，在教育系统内部提升受教育层次的过程就是一个筛选过程，个体需要接受各种升学考试才能接受更高一级的教育。因此，教育成为反映能力水平的信号，在劳动力市场中发挥筛选作用。教育作为一种能够识别、筛选人的才能的信号，其核心不在于提高人的知识和技术技能，而在于教育筛选了不同能力的受教育者，正因为非常强调受教育经历或文凭对于求职者的重要性，所以该理论又被称为"文凭理论"。受教育的学历反映了求职者的能力水平，即文凭是一种反映求职者能力的信号。雇主可以依据求职者的学历层次、文凭价值判断其能力水平高低，进而对不同能力的人进行筛选以安排到合适的工作岗位，而求职者为了向雇主传递代表能力的文凭或者证书信号，将倾向于努力接受更高层次和水平的教育。②

筛选假设理论认为在劳动力市场上求职者和雇主之间的信息是不对称的，教育是筛选雇员并安排到不同工作岗位上的一种机制，文凭证书是传递求职者能力水平的信号，雇主可以依据文凭证书这个信号去识别求职者的能力。筛选假设理论的基本假设前提是求职者两个方面的个人属性，即一方面是信号，可以直接观察到隶属于个人且能后天改变的属性，如受教育程度、个人经历等；另一方面是标记，可以直接观察到但无法改变的个人属性，如性别、民族、籍贯、年龄、出身。信号和标识反映了一个人的能力水平。标识因是先天因素而无法改变但却是相对稳

---

① 吉粉华. 教育、人力资本与我国劳动者报酬占比偏低的经济学解释 [J]. 理论月刊, 2014 (6): 139—142.

② Wolpin, K. I. Education and screening [J]. American Economic Review, 1977 (67): 949—959.

定的，雇主在筛选求职者能力时可以把重点放在可以改变且信息量大的信号，即求职者的受教育经历。由此观之，教育在求职者求职和雇主雇佣职员的过程中，很大程度上发挥了为国家和社会培养和筛选人才的作用。从应然上看，我们不希望教育成为一种筛选工具，更多希望教育能为国家和社会培养全面而自由发展的各种合格人才。然而在实然状态下，教育在实践中发挥的筛选作用确实是显性的。正如美国社会学家柯林斯（Randall Collins）所言，学历和文凭乃是一种"选择"的工具。从教育筛选发生的作用机制来看，文凭是劳动力市场的一种"筛选装置"，反映个体能否进入职场的信号，获得文凭证书意味着个体获得增加收入、改善生活状况的机会。

筛选假设理论源于当时人力资本理论无法解决学历提升、文凭增多与就业之间的矛盾，是针对当时西方社会大学生就业问题而产生的，能为缓解当下的结构性就业矛盾提供借鉴参考。筛选假设理论强调证书的重要性，更加关注雇主在劳动力市场中的用人需求。学历证书和若干职业技能等级证书是传递求职者素质和能力的信号，职业技能等级证书是企业在信息不对称的情况下，依据学历证书和职业技能等级证书在短时间内鉴别求职者的能力的重要途径。若干职业技能等级证书拥有者，表明该求职者的多元职业能力，能使求职者处于有利境地。"1+X"证书制度是一种促进就业的政策，在就业信息不对称的劳动力市场中，持有多种职业技能等级证书的求职者能满足更多用人单位的用人需求或更容易被录用，从而缓解结构性就业矛盾。由上可知，实施"1+X"证书制度，在就业筛选的前提下，一方面既可鼓励求职者积极考取多种职业技能等级证书从而拓展多种就业本领，增加就业创业的机会；另一方面，职业技能等级证书是由行业企业共同制订、考核并颁发的，是用人单位对学习者职业能力认可的凭证，因此能够准确地反映用人单位对劳动者职业能力的需求。此外，在劳动力市场中，雇主通常会倾向地认为，具有更多证书文凭的人的劳动能力会比那些较少证书文凭者的更高，从而会给能力更好的求职者付较高的工资，而给能力低者较低的工资，因此为了获取较高水平的工资收入，求职者应该努力通过职业技能等级证书考核并获取多个证书，如此不仅增加求职成功的概率，还能提高获得较高收入机会的可能性。

（三）职业教育改革及新职业主义教育理论

随着西方国家后工业化社会纵深发展，教育培养的单一技能的劳动者已经不能适应日益复杂的工作要求和产业转型升级快速发展需要，迫切需要劳动者具有更强的职业适应性和跨行就业的职业转化能力。20世纪70—80年代，以英国诺顿·格拉布（W. Norton Grubb）为代表的西方学者掀起了新职业主义思潮，形成了新职业主义教育理论，并迅速推动英美国家职业教育改革与发展。诺顿·格拉布提出，职业准备必须更加宽泛，必须更好地联系学术内容且具有深远的目标。[①] 换言之，学生的职业准备应具备宽泛而又深厚的知识基础，取得更高水准的学术能力。新职业主义非常重视基础学科知识的作用，强调学生应该努力学习最基础的学科知识，认为基础学科知识的学习不仅可以增强学生的理解能力，养成好的思维习惯，还能够更好地适应未来社会的发展。为了更好地适应未来科技革命的要求，加强教育与产业之间的关系，增强学生的职业适应性，学生在学习专业技能之前，务必要学习与该项专业技能领域相关的知识与技能，即通用的职业内容。这种通用的职业内容应涵盖以产业为基础的核心的知识、技能与态度；以职业群为基础的宽泛的应用性的知识、技能与态度；以工作岗位为基础的专门技术及知识、技能与态度。[②]

新职业主义教育理论的核心思想是，职业教育不只是培养技能熟练的操作工，更应培养知识和技术的创造者，不只是培养学生一技之长，更应培养学生能从事多项工作的职业核心能力（Core Skill）。职业核心能力是指完成任务和解决问题的能力，是能够从事多种职业的能力，有普

---

① W. Norton Grubb. The New Vocationalism [J]. Phi Delta Kappn, 1996（3）：535—538.

② Carolyn A. Prescott. Education and Work：Toward an Integrated Curriculum Framework [R]. Center for Occupational Research and Development，1996：1—35.

遍性、可迁移性、工具性。① 当前，很多国家采纳新职业主义教育思想，改革传统的"专门化职业训练"的职业教育发展模式，构建以核心技能开发和宽泛的职业准备为主要内容的现代职业教育发展模式。这种思想对当今职业教育培训模式影响深远。美国国会将新职业主义教育理念引入国家职业教育改革法案，在全国范围内开展职业教育改革，促使职业教育逐渐从传统的"工具性"的谋生型教育转向"发展性"的适应性教育。当下，美国具有代表性的职业教育形式有：技术准备计划（Tech Prep）、青年学生制（Young Apprenticeship）和契约模式（Compact Model）。然而，无论何种职业教育形式，"核心能力"培养始终贯穿其中。

从这个角度来看，实施"1+X"证书制度，应变革职业院校的人才培养模式，由培养专门技术人才转向培养复合型技术技能人才，关注学生的核心能力以及职业适应能力、可持续发展能力，即具有职业技能、职业素养、综合能力的全面发展的技术技能人才。职业教育和职业培训应关注学生的职业核心能力，注重通识知识和职业技能学习相结合、学习与工作过程相结合，促进知识与技能的融合，提升学生的迁移能力和技能水平，形成学生职业活动和职业生涯发展的综合能力，从而达到适应多种职业岗位的目的。此外，注重职业教育与产业的跨界融合，学生学习的通用职业内容应以产业、职业群、工作岗位为基础的、核心的、应用的、专门的知识和技能、态度。

（四）个体发展及终身教育理论

20世纪70年代，保罗·朗格朗在联合国教科文组织召开的第三届促进成人教育国际委员会上提出了"终身教育"，认为"终身教育是一个人从出生那一刻起直到生命终结为止而不间断的发展过程"。② 《终身教

---

① 姜飞月，贾晓莉. 新职业主义的主要教学观. 外国教育研究［J］. 2010（4）：48—51.
② ［法］保罗·朗格朗. 终身教育导论［M］. 滕星，等译. 北京：华夏出版社，1988：9—10.

育——21世纪的教育改革》《学会生存——教育世界的今天和明天》等著作论述了职业教育在终身教育发展或学习型社会构建中的重要性和作用。未来的教育不再是由"任何一个学校毕业之后就算完结了,而应该是通过人的一生持续进行",人们"在其生存的所有部口,都能根据需要而方便地获得接受教育的机会"。① 联合国教科文组织研究员 R. H. 戴维认为:"终身教育应该是个人或诸集团为了自身生活水准的提高,而通过每个个人的一生所经历的一种人性的、社会的、职业的过程。这是在人生的各种阶段及生活领域,以带来启发及向上为目的,并包括全部的'正规的(formal)''非正规的(non-formal)'及'不正规的(informal)'学习在内的,一种综合和统一的理念。"②

这为我国实施"1+X"证书制度提供了理论依据。《国家职业教育改革实施方案》规定:"院校实施的职业技能等级证书分为初级、中级、高级……反映职业活动和个人职业生涯发展所需要的综合能力""有序开展学历证书和职业技能等级证书所体现的学习成果的认定、积累和转换,为技术技能人才持续成长拓宽通道"。③ "1+X"证书制度是构建我国资历框架的基础性工程,其价值取向是坚持以学生为中心、以能力为本位,关注学生的成长成才,探索具有多种技能的复合型人才培养之路,提高学生就业能力,缓解我国就业压力和结构性矛盾,让人人都有人生出彩的机会。"1+X"证书制度不仅适用于职业院校在校学生,同时也适用于社会学习者。当前,高职教育扩招百万,大量农民工、失业人员、退伍军人等都要进入职业院校接受全日制教育或职业培训。"1+X"证书制度要求职业院校不仅要快速捕捉市场人才需求信息,还要构建满足各类人员个性化发展需求的培养培训模式与体系,实现高质量教育与高质量培

---

① [法] 保罗·朗格朗. 终身教育导论 [M]. 滕星,等译. 北京:华夏出版社,1988:10.
② 吴遵民. 现代国际终身教育论 [M]. 上海:上海教育出版社,1999:13.
③ 国务院关于印发国家职业教育改革实施方案的通知 [EB/OL]. [2019-04-04] http://www.moe.gov.cn/jyb_xxgk/moe_1777/moe_1778/201904/t20190404_376701.html.

训有机融合，满足各类学习者对职业技能等级提升的要求，为终身教育和建设学习型社会奠定基础。

第四节 研究基本思路与研究框架

一、研究目标

明晰"1+X"证书制度的核心要义与制度创新点，明确"1+X"证书制度对职业院校人才培养、校企合作、治理体系等方面提出的新要求，完善相关理论，促进现代职业教育体系的构建。总结出英国、德国国家职业资历框架制度的架构经验，揭示出国家职业资历框架制度构建的共性特征或一般规律，分析出"1+X"证书制度与其差距，推动我国国家职业资历框架制度的构建。找出"1+X"证书制度实施中存在的问题，归纳出原因，为教育行政部门"1+X"证书制度相关配套政策制定提供参考。提出"1+X"证书制度实施中问题解决的具体办法，并应用于实践，为其他院校及制度的更大范围实施提供有意义、可复制的方法。研究"1+X"证书制度下职业院校人才培养模式的变革，提升职业院校人才培养质量。

二、研究思路

总体来说，本研究强调以整体性与系统论为基本研究原则，聚焦职业教育领域，以政策研究作为切入点，梳理我国职业资格证书制度的起源与发展；开展理论研究，对"1+X"证书制度进行挖掘，明确其应然状态；对我国职业资格证书制度开展现状进行深入调研，分析存在的问题及预判潜在障碍；通过比较研究，总结其他国家职业资历框架制度建设的一般规律。在此基础上，提出"1+X"证书制度实施的优化路径，并聚焦于职业院校人才培养模式变革，从人才培养目标、内容、教师、管理、评价等多方面提出具体措施。

三、研究方法

文献分析法。文献分析法是要弄清被分析文献"究竟讲什么"，以便给予检索标识的一种研究方法。一般分两步：找出文献论述的对象，再进一步查明是要论述该对象哪个方面的具体问题；找出文献中涉及的各种概念，再进一步查明它们之间的关系，从而形成若干完整的主题。本研究利用知网、读秀等平台以及各种图书馆藏资源，广泛搜集相关国内外文献资料，并在详尽阅读文献基础上，加以梳理、分析、归类和述评，形成基本的理论观点。

调查研究法。调查研究法是指通过考察了解客观情况直接获取有关材料，并对这些材料进行分析的研究方法。调查研究法可以不受时间和空间的限制。调查研究是科学研究中的一个常用方法，在描述性、解释性和探索性的研究中都可以运用调查研究的方法。它一般通过抽样的基本步骤，多以个体为分析单位，通过问卷、访谈等方法了解调查对象的有关咨询，加以分析来开展研究。本研究选取部分典型样本，对其进行实地调查。采用问卷调查、访谈和小型座谈会形式，把握制度实施现状，掌握潜在障碍和影响因素。

比较研究法。比较研究法就是对物与物之间和人与人之间的相似性或相异程度的研究与判断的方法。比较研究法可以理解为是根据一定的标准，对两个或两个以上有联系的事物进行考察，寻找其异同，探求普遍规律与特殊规律的方法。本研究选取英国、德国等国家职业资历框架进行比较研究，总结其经验及实践中的做法，为制度的实施提供借鉴。

四、研究框架

本研究一共分为九个部分，分别围绕以下内容展开。

开篇为导论，阐释了研究的缘起与背景，分析了研究的意义与价值，梳理了国内外研究现状，界定了核心概念，明晰了理论基础，并进行了研究的总体设计。

第一章从历史角度梳理了我国教育证书制度和职业证书制度发展脉络，总结了"1+X"证书制度带来的创新。

第二章研究了职业教育"1+X"证书制度的主体，分别讨论了"1+X"证书制度实施主体、开发主体、政策制定主体、其他相关者的定位及价值诉求。

第三章研究了"1+X"证书制度实施的障碍。对我国职业资格证书制度实践中引发的主要问题进行梳理，对"1+X"证书制度体系及试点工作开展现状进行深入分析，分析了"1+X"证书制度试点实施中存在的法律、制度、管理等多重障碍。

第四章研究了"1+X"证书制度的国际经验借鉴与启示。选取英国、德国的国家职业资格证书制度为样本，概括和总结其国家职业资历框架制度的架构经验及其实践中的具体做法，揭示国家职业资历框架制度构建的共性特征或一般规律，为探索我国"1+X"证书制度提供经验借鉴与启示。

第五章研究了职业教育"1+X"证书制度的优化，从制度如何完善、如何促进书证的深度融通、提升职业技能登记证书的社会认可及评价的改革与创新等几方面提出了"1+X"证书制度的具体优化措施。

第六章研究了"1+X"证书制度下职业教育人才培养模式变革，反思了职业院校人才培养模式的现状，提出了改革路向，并从目标、课程、教学方法、教师、管理与评价等方面提出了具体对策。

第七章重点回答了培训评价组织可能功能的拓展。

第八章研究了工业 4.0 时代高职院校技术技能人才的培养，对复合型人才培养作了进一步展望。

五、基本观点

"1+X"证书制度是一种能将职业技能等级证书与学历证书相互融通,推进人才培养模式和评价模式改革的制度设计。

"1+X"证书制度实施过程中可能出现追求利益、权力寻租、过分重视职业技能等级证书,使职业教育出现证书化倾向等问题。

通过明确"1+X"证书制度实施过程中各主体的责任,构建监督机制以及在实践中总结经验做法等,可以尽可能规避制度实施中出现的问题。

第一章 职业教育"1+X"证书制度产生的历史必然

"1+X"证书制度是职业教育领域的新制度,对职业教育内涵和特征的明确,以及理清职业教育与普通教育、技术教育的关系是研究的重要内容。"1+X"证书制度是在职业资格证书制度、双证书制度之后的重大创新,是教育证书制度与职业证书制度的融合,具有深远的意义。

第一节 我国证书制度的演进和发展

在现代社会,当人们在就业和升学过程中面临稀缺资源竞争时,需要具备筛选方设定的资格条件。资格证书是对个人满足这种资格条件的书面担保。人们在从上学到入职就业及后续职业生涯发展过程中,至少需要取得两种基本的资格证书,首先是适用于学校系统内部向上流动的与学习经历(即"学历证书")和学习程度(即"学位证书")有关的资格证书;其次是适用于某特定社会职业领域的"职业资格证书"。任何职业领域自构成特定的社会子系统,每个职业领域的就业系统都设有特定的资格条件,用以满足两个基本用途:一是筛选新入职成员的门槛,二是晋升职业生涯的阶梯,引导各自系统内部社会成员向上流动。证书的基本功能在于市场流通，当社会流动范围超越熟人边界，证书就取代了在熟人社会里口头举荐的工具效能。①

一、我国教育证书制度的发展

《中华人民共和国教育法》第二十二条规定："国家实行学业证书制度。经国家批准设立或者认可的学校及其他教育机构，按照国家有关规定，颁发学历证书或者其他学业证书。"第二十三条规定："国家实行学位制度。学位授予单位依法对达到一定学术水平或者专业技术水平的人员授予相应的学位，颁发学位证书。"因此，我国的教育证书分为学历和学位两种证书。

1. 学历证书及其作用。"学历"有学习的经历之意，所以学历证书是受教育者求学经历的证明。在我国，学历证书特指受教育者在学制系统内完成某教育阶段的学习任务，由国家批准的学校或教育机构颁发给个人的文凭。受教育者毕业时取得的文凭就是毕业证。因此，学历证书较学位证书、职业资格证书等更广泛，有小学学历证书、初中学历证书、高中学历证书、中等职业学校学历证书、高职高专学历证书、本科学历证书、硕士学历证书、博士学历证书等。

2. 学位证书及其作用。1980年2月，第五届全国人大常务委员会第十三次会议通过《中华人民共和国学位条例》。随后，《中华人民共和国学位条例暂行实施办法》《中华人民共和国教育法》《中华人民共和国高等教育法》陆续颁布，学位证书逐步制度化。在建立学位制度以前，我国高等教育在一段时间内实行的是学历证书制度，即学生按一定的计划和要求，修完教学计划规定的所有课程并通过考试或考核，毕业生可获得相应的学历证书。学位证书是国家授予个人在某一学科领域达到一定学术水平或专业水平的证书。《中华人民共和国学位条例》第三条规定：

---

① 许竞. 我国学历教育分化的证书制度溯源[J]. 南京师大学报（社会科学版），2020（6）：22—29.

"学位分学士、硕士、博士三级。"第八条规定:"学士学位,由国务院授权的高等学校授予;硕士学位、博士学位,由国务院授权的高等学校和科学研究机构授予;授予学位的高等学校和科学研究机构及其可以授予学位的学科名单,由国务院学位委员会提出,经国务院批准公布。"

我国的学位类型分为学术型和专业型。学术学位和专业学位在人才培养目标、培养模式和质量标准方面均不相同。学术型学位以科研为主,偏重理论研究;专业学位以应用为主,注重实践。学术型学位按照学科门类授予,分别为哲学、经济学、法学等13个学科。学术学位的命名为"××(学科)学士学位/硕士学位/博士学位"。专业学位按照专业学位类型授予,专业学位的命名为"××(职业领域)硕士(学士、博士)专业学位"。专业学位的设置是中国学位制度改革的一项重要内容。它改变了我国学位类型、规格单一的情况,为我国培养了应用型高层次专门人才。①

二、我国职业证书制度的发展

(一)职业资格证书制度的发展(1993—2006年)

1993年,《中共中央关于建立社会主义市场经济体制若干问题的决定》颁布,提出"实行学历文凭和职业资格两种证书制度",这是职业资格证书制度在政策文件中的首次出现。1994年,原劳动部、人事部下发《关于颁发〈职业资格证书规定〉的通知》(劳部发〔1994〕98号),在我国技术技能人才评价制度发展中具有深远意义,是职业资格证书制度的纲领性文件。文件明确界定了职业资格的概念、种类、管理方式等,职业资格是对从事某一职业所必备的知识、技术和能力的基本要求,包括从业资格和执业资格,前者是起点标准,后者是必备标准且实行准入制。职业资格证书实行行政化管理,按种类分属劳动部和人事部负责,行业

---

① 邓泽民,陈森森. 1+X证书中X证书的双属性与三作用——我国教育证书与劳动证书制度系统设计的视角[J]. 职教论坛,2019(5):78—82.

主管部门参与标准的制定。从评价角度来区分，从业资格属于水平性评价，执业资格属于准入类评价。[①] 1995年实施的《中华人民共和国劳动法》第六十九条规定"实行职业资格证书制度"，从法律上赋予了职业资格证书制度依据。此后，职业资格证书制度不断发展完善并应用到教育领域，1996年颁布的《中华人民共和国职业教育法》规定职业教育"实行学历证书、培训证书和职业资格证书制度"，简称"双证书"制度。至此，学历证书、培训证书加上职业资格证书成为个体从事相应职业的凭证，赋予个体参与人力资源配置、获得职业岗位的权利和能力。

（二）职业资格证书制度的规范（2007—2016年）

随着我国市场经济体制的不断完善，如何处理好政府和市场的关系便成为其核心和重中之重，发挥市场在资源配置中的决定性作用变成了首要任务。这需要减少政府对资源配置的干预，要求政府转变职能，把工作重点转向提供服务和优化政策。《行政许可法》的颁布正是政府职能转变和依法治国的体现，明确规定了行政许可的范围和不设行政许可的条件，重在培育社会机制，积极发挥行业、中介组织在社会生活中的作用。国务院依照《行政许可法》对所属各部门的行政审批项目进行了全面清理。职业资格证书制度是一种通过政府许可和认证的制度，是为适应社会主义市场经济体制而产生的，对规范人力资源市场、促进职业教育发展、提升技术工人等的社会地位起到了积极的影响。在产业结构转型、科技飞速发展的当下，这些职业资格证书并不能够完全覆盖产业的发展，也不能够无缝对接岗位需求，出现了行政审批过多、职业资格证书种类繁多且部分证书含金量不高、证书监管不严、乱收费滥发证现象严重、影响正常学历教育、扰乱市场秩序等问题，政府的过多参与和限制也不利于人才的竞相选拔。《关于清理规范各类职业资格相关活动的通知》（国发办〔2007〕73号），明确规定了职业资格清理的范围，标志着职业资格证书制度的管理逐渐走向规范化。《国务院关于取消和下放一批

---

① 曹晔，盛子强. 我国职业资格证书制度的历史、现状与趋势［J］. 职教论坛，2015（1）：70—76.

行政审批项目的决定》(国发〔2013〕44号）开始取消部分职业资格认证和许可，至2017年，先后分七批次取消占职业资格总数70%的434项职业资格，且大多数为水平类职业资格，①但这并不意味着取消相应的职业标准与评价工作，目的也不是削弱职业资格制度，而是旨在通过职业评价类别的重新划分，实现技能人才评价的科学化和社会化，职业资格证书制度的不断规范，为职业技能等级证书的推行奠定了基础。

（三）职业技能等级制度的推行（2017年至今）

伴随着部分职业资格认证和许可的取消，2017年公布了国家职业资格目录，共包括140项职业资格，有81项职业资格针对技能人员，其中又包括5项准入类资格、76项水平类资格。并明确规定，只能在国家职业资格目录范围内开展和进行职业资格认定，且除了准入类职业资格之外，其他类别的职业资格不得与就业挂钩。职业资格证书的大幅取消取而代之的是职业技能等级证书。2018年，国务院印发《关于分类推进人才评价机制改革的指导意见》，指出"完善职业资格评价、职业技能等级认定、专项职业能力考核等多元化评价方式"；《人力资源社会保障部关于改革完善技能人才评价制度的意见》（人社部发〔2019〕90号）指出"建立并推行职业技能等级制度"。职业技能等级制度应用于职业教育具体表现为"1+X"证书制度。《国家职业教育改革实施方案》（国发〔2019〕4号）正式提出在职业教育领域启动"1+X"证书制度试点工作；《关于在院校实施"学历证书+若干职业技能等级证书"制度试点方案》（教职成〔2019〕6号），进一步细化了试点内容，并提供了操作方案；《关于推进"1+X"证书制度试点工作的指导意见》（教职成厅函〔2019〕19号）为试点工作提供了指导。截至目前，教育部职业技术教育中心研究所先后公布了参与"1+X"证书制度试点的四批368家培训评价组织名单，共480个职业技能等级证书，2万多个试点。职业技能等级制度的建立，是进一步规范职业资格证书制度，创新技能人才评价制度

---

① 荀凤元，建立以市场为导向的技能人才培养使用机制是我国技能人才工作的一场革命[N].中国组织人事报，2020－6－21.

的重要举措。

三、教育证书与职业证书的互动

教育证书与职业证书满足不同的社会需求。升学是个人在原本教育系统内部"纵向上升"流动，求职就业则是从教育系统向外部其他系统"横向平级"流动。显然，教育系统内部筛选机构对学历资格的衡量标准等特性的熟悉度远胜过其他社会子系统。换言之，任何证书在跨系统横向流通交易时要比在本系统内部更具陌生感，也更有可能遭受不信任危机。这涉及证书作为某方面资格条件担保物的合理化。当其合理性遭受质疑，证书使用方会对证书流通的附加值提出更高要求，比如要求其价值更透明、更具可比性，从而降低自身在市场甄别和选择中的交易成本。

职业资格证书作为社会成员跨系统流动的交易凭证，其合理性可能遭受质疑的根本诱因有两个：一是这种资格证书作为评价工具的信度问题，二是其评价目标的真实性问题。如果我们要求所有接受职业教育的毕业生取得职业资格证书，作为其有资格就业的条件，那么理论上说他们在实际教育过程中就应该确实受到有关于某职业领域认知能力和实践能力的培养和训练。这种教育过程本身必须含有"职业现实元素"，才可确保评价目标的真实性。资格证书通常被视为学业成就上达到某种"既定标准"的标志。决策机构事先设定这些标准时是基于特定教育的属性，如果不同教育的属性从根本上是异质的，对其标准的描述和测量工具或口径就应该有不同要求。

学校教育机构在育人过程中遵循的标准，通常是由教育系统内部的评价机构制定。教育系统长期以来默会的既定标准是以教育的学术属性为前提。随着学校教育系统与社会其他子系统之间关系变得紧密，学校教育课程内容逐渐在突破传统学术属性的局限。在教育属性出现二元化甚至多元化的背景下，对于教育项目所应达到预期标准的描述和评价，也应根据其变化中的二元化或多元化属性进行"元标准"的重构。此时，传统教育中长期墨守的学术教育既定标准须让位于这种"元标准",至于这种"元标准"究竟该如何去描述和评价,这取决于人们对教育这个话语对象本身的界定。法国社会学家涂尔干认为,如果教育是帮助未成年一代为其今后生活做准备,那么与职业有关的内容则是教育所不可回避的方面。在美国教育哲学家杜威看来,教育自始至终原本就包含有授人以谋生等职业或生活技能和能力的基本功用。从这种更为宽泛的教育属性出发,对其所应达到的标准进行描述和规定。按照这种方法论确立的标准可称为"元标准",它是从包括学术属性和其他属性在内的多种属性中演绎提取的一种更上位的标准,它在对多种不同属性的教育项目从教育结果上进行测量和评价时具有同等程度的效力和适用性。

第二节 "1+X"证书制度产生的内在逻辑

一、"1+X"证书制度带来的创新

《国家职业教育改革实施方案》赋予了职业教育类型教育的身份,任何一种教育类型都有与之功能和特征相契合的教育目标、教学标准、培养模式及评价制度。"1+X"证书制度正是契合职业教育类型特征的评价制度,是对双证书制度的衔接与创造,给职业教育技能人才评价带来了重大突破。

(一)评价主体的第三方化

我国职业教育技能人才评价主要分为两大部分,一部分是教育证书制度,主要是学历证书制度,不包含学位证书制度,指受教育者在学制系统内完成某一阶段的学习任务,并达到最低质量规格要求,便可获得国家授权教育行政部门通过学校颁发的学历证书,学历证书是受教育者学习过程和经验的表征。另一部分是职业资格证书制度,表明的是个人的工作经历和获得的职业经验。职业资格证书制度实行行政化管理,评

价实施主体是政府部门所属机构,证书类别由政府部门设置,证书颁发由政府认定。可见,在"双证书"制度下,职业院校技能人才评价的主体是政府部门。用职业技能等级证书取代职业资格证书,注重学历证书与职业资格证书的融合衔接及整体性,是"1+X"证书制度与"双证书"制度的最大差别。职业技能等级证书的开发主体是培训评价组织,负责职业技能等级证书及标准开发建设、实施职业技能水平考核评价、颁证,对证书质量、声誉负总责。从国家下发的培训评价组织招募及管理政策文件中可知,培训评价组织是具有独立法人资质的企业等主体,是社会评价组织,是独立于职业教育中政府与院校自身之外的第三方主体。在"1+X"证书制度实施之前,行业企业及第三方机构虽然也有参与职业教育技能人才的评价,但所占比重较小,培训评价组织的出现和功能定位使之成为职业教育技能人才评价中与教育部门具有相同地位的主体,推动了职业教育技能人才评价主体的第三方化。

(二)评价机制的社会化

职业资格证书制度中证书的鉴定与颁发由政府直接认定,"1+X"证书制度实施后,职业技能等级证书实施的主体变为培训评价组织,政府由实施主体转为管理和服务者,主要职能转换为根据产业发展动态调整职业分类;严格进行职业资格目录管理;把控质量标准,制定和发布国家职业标准;培育扶持市场评价主体;对职业技能等级证书的认定与颁发进行监督与管理。职业教育技能人才评价主体和管理方式的改变体现了政府简政放权的决心,促进了技能人才评价的社会化,有助于形成以市场为导向的评价机制。职业教育技能人才评价机制的社会化主要体现在以下几方面:一是职业教育技能人才评价主体培训评价组织招募的社会化,职业技能等级证书的主体是培训评价组织,"1+X"证书制度赋予了培训评价组织这一新生事物参与职业教育的权利,其采取的是面向全社会公开招募方式,由政府设置基本要求,择优遴选、宁缺毋滥;二是职业技能等级证书开发的市场化,优先面向国家重点产业领域、就业市场技能人才紧缺领域开发职业技能等级证书,职业技能等级证书开发出来后能否获得可持续发展,取决于证书对市场和学生需求的满足度以及根据产业和职业发展持续更新证书标准;三是培训评价组织管理的清单化,培训评价组织实施清单管理,政府秉持的是扶优、扶大、扶强的原则,对有违规行为和无法满足市场需求的培训评价组织实行退出机制。

(三)评价内容的多轨化

"1+X"证书制度实施后,职业教育技能人才评价存在着多轨并行的局面,准入类评价、水平类评价、职业技能等级认定、专项职业能力考核同时存在。国家实行职业资格目录,对于确实需要执业证书上岗的专业和岗位,继续实行准入类资格评价,保留在国家职业资格目录之中,并严格执行。虽然国家相继取消了大部分水平类职业资格,但并不是一刀切,取消的是与公共利益、居民人身健康和财产安全关系不密切的证书,对于牵涉到公共利益,或者涉及国家、公共安全、居民人身健康和财产安全的职业资格,依法转成准入类执业资格,对于专业性强、通用性高、技术技能要求高的职业,转为实行职业技能等级认定。实施学历教育和职业培训是职业院校的法定职责,职业教育技能人才的评价一方面包括在校学生,另一方面也包括接受职业培训的社会人员。专项职业能力考核是职业教育技能人才评价的一种有益补充,考核的是市场需求量大且能促进就业创业最小技能模块,是职业教育培训需要与产业发展要求即就业创新需求的结合。虽然在今后一段时间内多轨并行的局面不会结束,但职业教育技能人才评价以职业技能等级认定为主要方式的路向是清晰明确的。

(四)评价方式的科学化

职业教育与经济发展联系直接且紧密,为经济社会发展提供有力的人才和智力支撑是其职责。职业院校培养的人才是否能够满足产业发展需求和企业能力要求,最有发言权的是用人主体,推行"谁用人、谁评价"的评价方式是确保评价结果具有更高社会公信力的重要手段。职业技能等级认定实施主体是培训评价组织,《职业教育培训评价组织遴选与监督管理办法(试行)》定义培训评价组织是具有独立法人资质的企业等主体，要求申报者在本行业（专业）领域具有较强的技术优势和影响力，业界认可度高。可见，不少培训评价组织本身就是行业龙头企业，且具有示范引领作用，掌握着行业话语权，具备极强的凝聚同行的能力。更为重要的是教育部明确要求培训评价组织开发的职业技能等级证书在职业院校有对应的专业。职业技能等级证书的认定采用的是高度的自主评价和同行评价方式，对本身就是龙头企业的培训评价组织来说，开展职业院校技能人才职业技能等级认定是自主评价的体现，能够充分体现企业需求，挖掘所需技能人才，一定程度也是一种人力资源投资。对于非龙头企业的培训评价组织而言，利用自身对行业发展的高掌握度实施职业技能等级认定，避免了外行评价的弊端，体现了评价的科学性，也激发了行业发展活力。

二、"1+X"证书制度的价值意蕴

"1+X"不是学历证书与若干职业技能等级证书的简单机械相加，而是职业教育学习过程与具体职业工作实践活动的有机融合，是学生就业能力、工作能力、创新创业能力等多元化能力习得的过程。实施"1+X"证书制度价值意蕴如下。

（一）重构新时代职业教育"工学结合"的学习生态

实施"1+X"证书制度是推进职业院校教育教学改革的全新命题，是一项系统工程。它要求重构职业教育"工学结合、知行合一"的学习生态。特别是在"互联网+"的时代背景下，信息技术与教育有机融合，需要把以专业知识储备为基础的个人化学习和以劳动力市场就业发展需求为基础的过程化学习有机结合起来，构建数字化学习、个性化学习、过程化学习为主要特征的新时代职业教育学习生态。一是构建以多媒体技术、网络技术为依托的数字化教学体系。学习者要在有限时间段内取得"X"个职业技能等级证书，获得多项就业技能，就需要打破原有的教学模式，构建数字化的学习系统，形成线上线下灵活的学习方式，实现泛在学习。如建设数字化的教学资源库、海量的优质网络课程资源、线上线下的信息化学习平台，实现优质职业教育资源的充分共享。二是打造以学习者可持续能力发展为中心的个性化学习系统。过去，职业教育培养的毕业生主要面对的是某类职业岗位或岗位群，不少学校为了提高学生的就业率，人才培养讲究"宽口径、厚基础"，没有体现现代社会分工越来越细的特点，新时代的职业性学习系统更应遵循教育发展规律和产业发展规律，强调以企业的岗位需求为基础，注重以学生个体发展需求为中心，来构建以生为本的能力结构系统。[①] 因此，推行"1+X"证书制度，就需要以学习者为中心，构建多层次、多模块、多类型的"X"证书体系，构建适应学习者可持续发展需要的学习生态，满足学习者取得多种就业本领的需要。三是构建面向职业岗位的过程化学习系统。职业教育是与生产结合最为紧密的教育类型。缓解我国就业结构性矛盾，职业教育必须遵循产业更新迭代发展的规律，形成与产业转型升级良性互动。因此，职业教育的教学过程与学习过程必须与行业企业的工作过程和生产过程紧密结合。职业院校在建设实践教学条件时，要以产业生产一线的工作现场为蓝本，按企业生产流程，营造与真实生产情境相吻合的教学现场，实现"教学做"合一。

（二）培养复合型技术技能人才的综合职业能力

《国家职业教育改革实施方案》提出建立"1+X"证书制度，构建国家资历框架体系，目的在于改革职业教育人才培养模式，培养复合型技术技能人才，提高职业教育学生就业能力，最终缓解我国就业结构性矛盾。培养德技并修、知行合一的高素质技术技能人才，是新时代职业教育的初心与使命。当前，由于受办学条件、经费投入等多方面影响，职业院校学生的知识积累和技术技能习得与新经济、新产业、新业态的要求还不相适应。如何提高职业院校学生综合职业能力，促进学生从阶段化、终结性的受教育过程向终身受教育和持续学习转变，培养可持续发

---

① 黄晓云，陈李翔. 1+X，职业教育"加"什么？[N]. 中国劳动保障报，2019—4—3.

展的职业能力,成为职业院校当前及今后一段时间改革探索的重点。职业教育是联结教育和职业的中介,不仅应提升学生在有限时间段内丰富知识储备和习得多种技能的学习能力,还要教会学生个体习得进入就业市场所具备的生存能力和多种技术技能,特别是将学生在校期间知识技能的获得能力转化为就业资本和职业发展所需要的可迁移能力以及终身学习能力。实施"1+X"证书制度,就是要推动职业院校加快教育教学改革步伐,紧跟行业企业快速变化对技术技能人才综合职业能力的需求,重构与职业技能等级证书相融合的课程体系,不仅培养学生的核心就业能力,如学会学习的能力、系统思考的能力、人际交往能力等;还培养面向产业企业工作岗位群的工作实践能力,以及应变能力、创新创业能力等可迁移就业能力,提高人才培养的针对性、适应性和灵活性,从而缓解结构性就业矛盾。

(三)缓解结构性的就业矛盾

国家出台"1+X"证书制度,一个重要的目标就是为了缓解结构性就业矛盾。通过职业教育与培训相结合方式,拓展求职者就业创业本领。当前,我国经济发展进入新常态,经济发展方式发生转变,科技创新驱动发展成为激发经济活力的主要动能,一产业去产能背景下的供给侧结构性改革推进,二产业领域的劳动者失业人数日趋增多,三产业吸纳新增失业人数能力有限。随着产业转型升级,生产方式转变和人工智能发展、工艺进步,技术含量低的工作岗位消失,新兴工作岗位迫切需要大批高水平的技术技能人才,截至2018年,国家城镇登记失业人数974万人,城镇登记失业率3.8%,[①] 结构性就业矛盾严峻。究其原因,一方面是产业结构大规模调整和快速转型升级,劳动力市场的结构及从业人员的知识、能力结构不适应社会产业结构的发展变化;另一方面,职业院校人才培养供给结构适应不了社会劳动市场的人才需求结构变化,职业院校学生的知识和技能结构满足不了用人单位的能力结构要求。1个学历

---

① 数据来源于国家统计局 [EB/OL] http://data.stats.gov.cn/search.htm?s=%E5%9F%8E%E9%95%87%E5%A4%B1%E4%B8%9A%E4%BA%BA%E5%8F%A3.

证书意味着，通过职业教育全日制专业学习过程，获得某专业要求的知识和技能，为未来职业生涯发展做准备，夯实可持续发展的基础。X个职业技能等级证书，就是通过职业教育与培训相结合，帮助学习者获得多项职业技能等级证书，拓展就业创业本领，为实现就业创业增加更多的机会。"1"和"X"协同联动，教育方式上要求坚持职业教育与培训结合，课程内容上实现学历证书与职业技能等级证书融通，职业能力上实现核心技能与可持续发展能力交融并进并形成合力，提高技术技能人才的岗位普适性和针对性，为学习者实现人生出彩提供多样可能性。

第二章 职业教育"1+X"证书制度的主体定位及价值诉求

"1+X"证书制度涉及多元利益主体,实施主体院校有实现院校整体办学实力增强的诉求,开发主体培训评价组织有获得人力、技术、经济及社会资本的诉求,参与主体学生有获得复合性能力,为职业的晋升、可持续发展打下基础的诉求,政策制定主体政府希望解决缓解结构性就业矛盾、打通技术技能人才成长通道,社会希望促进技能人才社会地位提升等。

第一节 职业院校定位及价值诉求

一、职业院校的角色定位

院校是"1+X"证书制度的实施主体,也是"1+X"证书制度试点的核心利益获得者,职业教育"1+X"证书制度的院校主体包括中等、高等和本科层次职业学校。《教育部等四部门印发〈关于在院校实施"学历证书+若干职业技能等级证书"制度试点方案〉的通知》明确了院校如下定位。

（一）融入专业人才培养

院校是"1+X"证书制度试点的实施主体。中等职业学校、高等职业学校可结合初级、中级、高级职业技能等级开展培训评价工作，本科层次职业教育试点学校可根据专业实际情况选择。试点院校要根据职业技能等级标准和专业教学标准要求，将证书培训内容有机融入专业人才培养方案，优化课程设置和教学内容，统筹教学组织与实施，深化教学方式方法改革，提高人才培养的灵活性、适应性、针对性。试点院校可以通过培训、评价使学生获得职业技能等级证书，也可探索将相关专业课程考试与职业技能等级考核统筹安排，同步考试（评价），获得学历证书相应学分和职业技能等级证书。深化校企合作，坚持工学结合，充分利用院校和企业场所、资源，与评价组织协同实施教学、培训。加强对有关领域校企合作项目与试点工作的统筹。

（二）实施高质量职业培训

试点院校要结合职业技能等级证书培训要求和相关专业建设，改善实训条件，盘活教学资源，提高培训能力，积极开展高质量培训。根据社会、市场和学生技能考证需要，对专业课程未涵盖的内容或需要特别强化的实训，组织开展专门培训。试点院校在面向本校学生开展培训的同时，积极为社会成员提供培训服务。社会成员自主选择证书类别、等级，在试点院校内、外进行培训。新入校园证书必须通过遴选渠道，已取消的职业资格证书不得再引入。教育行政部门、院校要建立健全进入院校内的各类证书的质量保障机制，杜绝乱培训、滥发证，保障学生权益，有关工作另行安排。

二、职业院校的价值诉求

（一）体现职业教育类型特色

"职教 20 条"指出，职业教育与普通教育是两种不同类型的教育，具有同样重要的地位。职业教育不是普通教育的翻版，职业技能人才培养的特殊性决定其不能走普通教育的道路。2014年,《国务院关于加快发展现代职业教育的决定》明确指出,"准确把握职业教育的人才培养定位,为谁培养人,怎么培养人,培养成什么样的人,这是一切教育工作的出发点和落脚点。"更好服务建设现代化经济体系和实现更高质量更充分就业需要,是新时代赋予职业教育的新使命。任何一种教育类型都有与其教育功能相适应的内在结构和活动特征。教育是一种实现个体发展和社会化的活动,而职业教育作为一种教育活动,既是一种将经济社会发展需要与个体身心发展需要相互结合、实现人的社会化的过程,同时也是一种促进个体与职业世界结合的教育活动。实现人的社会化的目标与满足人的职业生计和生涯发展需要目标的高度统一,决定了职业教育具有不同于普通教育的教育对象、培养目标、体系结构、办学定位、人才培养模式、评价方式等内在结构,体现出职业教育具有教育需求与产业需求结合、学校育人与企业育人协同、个体个性化发展与职业化发展统一的"跨界性"特征。这一"跨界性"特征决定了职业教育需要具有不同于普通教育,体现其内在规律和特征的结构、规则、程序、规范、机制等制度安排。将体现人的个性化、社会化程度的学历证书与体现产业、企业与职业岗位综合职业能力水平的职业技能等级证书相互衔接和融通,正是现代职业教育制度框架关于人才培养模式、评价模式的制度设计。①

(二)构建校企命运共同体

职业教育是以技术工人为主要培养目标,传授某种技能性职业或生产劳动所需要的知识、技能和工作态度等的教育。由此看出,职业教育要培养符合社会需求的技术技能人才。若职业教育在规划设计时就脱离或者不能适应当今经济转型升级需求,那职业教育对人才的培养无论如何改进教学内容、提高师资配备都成为空谈。职业教育的出路在于要对接行业、产业需求,对接科技发展形势变化,对其典型岗位需求进行知

---

① 唐以志. 1+X证书制度:新时代职业教育制度设计的创新[J]. 中国职业技术教育,2019(16):5—11.

识、技能和能力的精准定位。然而，我国职业院校人才供给与市场需求匹配差异较大。据统计，技能型劳动者在所有就业人口中的占比不足20%，而在技能型劳动者中，高技术技能人才比例不足5%，职业教育亟待对接科技发展趋势和市场需求。"1+X"证书制度，有力地将学历证书与匹配社会经济需求的职业技能证书相连，实现其对接经济转型和市场需要的基本价值诉求。通过"1+X"证书制度实施，能够提高职业院校和职业技能培训机构对接市场产业需求能力，提升职业教育的竞争力，促进产业转型升级发展，进而为产业、行业发展奠定基石。产业是具有不同分工、由各个相关行业组成的业态总称。行业人才需求出现结构性变化，势必会联动产业的迭代更新，引起职业教育界人才培养的更新换代。职业教育建设的逻辑起点是产业需求，专业结构设置要紧跟产业转型升级要求，服务现代市场经济需要。职业技能等级证书契合产业要求，与学历证书的融合体现了体制机制的创新，改善职业教育在追踪产业结构调整过程的滞后性，实现职业教育与产业的深度融合，打造校企命运共同体，确保职业教育与社会经济发展的同步性和协同性，解决人才供给与产业需求之间的结构性矛盾。①

（三）创新人才培养模式

职业教育人才培养质量问题是当前职业教育界中的突出问题，为此，《教育部关于深化职业教育教学改革全面提高人才培养质量的若干意见》中明确提出，"职业教育要以增强学生就业能力为核心，加强思想道德、人文素养教育和技术技能培养，全面提高人才培养质量"，而真正能够体现职业教育人才培养质量的核心在于学校开设专业结构及布局、教学的规范管理、教学的质量保障等要素。院校实施"1+X"证书制度试点的重要目的是实现人才培养模式的创新，提升人才培养质量与针对性。通过职业技能等级标准与专业教学标准的融合，带动专业人才培养方案的更新，专业面向对接行业、产业需求更紧密，课程内容精准定位典型岗

---

① 杜沙沙，蒲梅. 学分银行理念下"1+X"证书制度：内涵阐释、价值诉求与路径选择［J］. 中国职业技术教育，2019（19）：44－49.

位知识和技能，增加新工艺、新流程、新技术内容，教学方法更加贴合企业真实生产流程，人才培养的针对性、灵活性、适应性得到提升。通过职业技能等级证书的培训，促使教师掌握更新与更高的技术技能和提升教学培训水平，教师的培养与培训方式实现创新。通过职业技能等级证书的考核，更加注重能力等级的评价和方式的社会化，促使院校技术技能人才评价方式的变革。通过与培训评价组织的密切合作，协同实施教学与培训，共享教学资源等，达到深化校企合作、产教融合的目的。可以说，院校实施"1+X"证书制度，是希望通过人才培养模式的变革，带动服务社会经济发展能力的全面提升，实现院校整体办学实力的增强。

第二节 培训评价组织定位及价值诉求

《国家职业教育改革实施方案》提出要"打造一批优秀职业教育培训评价组织"，职业教育培训评价组织第一次在政策文件中被提及。培训评价组织职责定位为"标准开发、教材和学习资源开发、考核站点建设、考核办证等，协助试点院校实施证书培训"。可见，培训评价组织是行业组织，也是一种教育机构，更是独立的评价机构，扮演着多重角色。

一、培训评价组织的角色定位

（一）职业技能等级标准开发主体者

"1+X"证书制度是为深化复合型技术技能人才培养模式改革，畅通技术技能人才发展渠道，提高人才培养质量，提升学生就业能力在职业教育界设计的一项全新的制度，它将学历教育与社会用人需求相结合，从某种意义来说，它既是一项教育制度，也是一项就业制度。相较于我国职业教育现行学历证书制度和劳动证书制度，"1+X"证书制度核心创新是职业技能等级证书的实施。职业技能等级证书是一种全新的证书，是完成职业教育与培训后而获得的特定职业的技能水平层次的认可，[①]分为初、中、高三级，有对应的标准体系，其标准开发的主体是培训评价组织，主体性是培训评价组织的角色定位。1与X虽然是两种不同的证书，但"1＋X"是一个整体，而且将是未来学校职业教育的制度基础，因而要求两种证书内容具有互补性、目标具有同向性。培训评价组织应对接社会发展需求、岗位需求，在国家职业标准和教学标准指导下，融合行业标准，结合新工艺、技术、流程要求，开发职业技能等级标准。职业技能等级标准不仅仅是行业企业的技术标准，更是能在职业教育中应用的教学标准。同时，培训评价组织是标准开发动态调整机制的建立者，根据产业发展和技术更新等适时调整标准内容，根据市场反馈不断提升证书含金量，及时开发市场紧缺的新证书，淘汰落后证书。培训评价组织的主体定位还体现在"证书型"教学资源的开发上，实现等级证书培训内容与院校专业人才培养方案的对接、协助院校优化课程教学内容、开发与培训内容关联的证书型教学资源是培训评价组织的职责。

（二）职业技能评价考核者

改革评价考试制度一直是我国职业教育关注的重点，建立"职教高考"制度，推行"文化素质＋职业技能"考试招生办法就是有益的尝试，但这更多的是针对选拔考试，对于院校的学业水平考试涉及较少。为了解决这一问题，《国家职业教育改革实施方案》提出要建立职业教育质量评价体系，核心观测点为产教融合、校企合作水平；学习者的职业道德、技术技能水平和就业质量。"1＋X"证书制度中的职业技能等级证书反映的是个人在职业活动、职业生涯发展中所需要的综合能力。[②]很明显，院校传统的针对教学标准、考查知识掌握度且区分对错的考试不适用于对学生职业技能水平的评判。针对评估知识应用和实际问题解决能力的测

[①] 吴南中，夏海鹰. 以资历框架推进职业教育1＋X证书制度的系统构建[J]. 中国职业技术教育，2019（16）：12—18.

[②] 赵志群. 职业能力评价在职业教育发展中的现实意义[J]. 职业技术教育，2019（25）：1.

评更适合对学生职业技能水平的评判。因而"1+X"证书制度的实施，要求职业教育改变以往"知识为本"的评价模式，建立以"能力为本"的综合评价体系。这一重任承担的主体落在了培训评价组织上，培训评价组织属于第三方评价机构，教考分离，具有客观评价的条件，其开发的三级职业技能标准又为评价提供了参照和依据。对比院校较为宽泛的教学内容与较为全面的人才培养目标，培训评价组织更聚焦，关注的焦点是具体职业与岗位的职业需求，强调的是对完成典型任务能力的考核，其水平评价的针对性更强，可以说培训评价组织是院校评价向社会开放的有益尝试。

（三）职业教育培训实施者

职业教育包括职业学校教育和职业培训两大类。职业学校教育按照国家教学标准和政策规定开展教学和管理工作，人才培养、科学研究、社会服务、文化传承是职业学校教育承担的基本职责。职业培训是以提高素质和能力为直接目标的教育和训练活动，受培训者可以是在校学生也可以是在职劳动者。二者在本质属性上有差别，职业学校教育注重教育的公益性，职业培训追求效益。"1+X"证书制度中的培训评价组织要求具有5年以上职业技能培训经验和累计5万人次以上的培训实施证书考核规模，拥有一支高水平的师资团队和支持院校开展相关证书培训的经历。"1+X"证书制度包含院校外和院校内试点培训评价组织，主要负责辅助院校学生的职业技能培训工作，与院校协同实施培训与教学，但更多的是参与有国家法规依据、国家职业标准和教学标准明确而院校暂时没有能力承担的职业技能培训。同时，培训评价组织还应与院校对接，积极参与到"1+X"证书制度试点专业人才培养过程中，利用自身培训经验和优势，为院校提供师资培训，提升试点专业教师水平。除此之外，培训评价组织还承担着为社会成员提供培训服务的责任。

（四）职业教育资源聚合者

服务发展、促进就业是职业教育的基本导向，产教融合、校企合作是职业教育的发展主线。近年来，我国职业教育产教融合方面做了很多工作，也取得了很多成果，但不能否认的是校企合作两张皮、企业参与职业教育办学动力不足等顽症仍然存在，在现有制度下也难以实现突破性的转变。"1+X"证书制度中培训评价组织招募的基本条件是具备凝聚有关行业、企业、职业院校的能力，拥有囊括行业企业技术骨干、管理人员、高技能人才的师资团队，拥有和职业院校合作的经验与基础。在申报时还要求培训评价组织提供龙头企业、优质企业、行业权威专家的推荐意见。这就从制度上规定了培训评价组织的成分必须包括行业、企业、职业院校成员，也使培训评价组织沟通各方、协调利益、聚合职业教育资源成为可能，培训评价组织成为继职教集团、股份制、混合所有制职业院校等之后行业、企业深度参与职业教育的机构。同时，职业技能等级证书考核站点一般设在试点院校，由培训评价组织负责建设，这就有利于培训评价组织借助职业教育资源聚合者这一身份，优化资源配置、提高资源利用率，助推社会资本投资职业教育，成为沟通各方的桥梁，为产教融合型实训基地、产教融合型企业建设提供媒介，助推整个职业教育的发展。

（五）职业教育治理体系优化者

推动多元办学，引导社会各界特别是行业企业力量兴办职业教育，激发职业教育的内生动力，形成多元办学格局，是职业教育类型特征的重要体现，也是推进职业教育治理能力和治理体系建设的内在要求。"1+X"证书制度中的培训评价组织本质属性是社会组织，独立于政府行政部门、行业企业、院校，是新型的职业教育办学主体，它的加入拓展了职业教育治理体系的主体类型。同时，教育部和人力资源社会保障部将职业技能等级证书的发放职能下放给培训评价组织。可以说，培训评价组织的角色和定位，充分体现了政府职能的转变，由政府办职业教育转向了管理与服务的角色，更多的是规划战略、政策制定、监督管理的功能，起的是导向的作用，体现了教育领域的"放管服"改革。此外，市场在资源配置中的主体作用得到充分体现，培训评价组织颁发的职业技能等级证书质量和认可度完全由社会来评判，通过竞争淘汰机制，提升职业技能等级证书的含金量，能促使整个职业教育质量的提升，也是职业教育治理能力提升的创新举措。

二、培训评价组织的价值诉求

培训评价组织是具有独立法人资质的企业，在行业领域具有较高的技术优势和影响力，有些培训评价组织甚至本身就是行业龙头企业。从经济学角度看，具有收益是从事经济活动的直接目的，培训评价组织参与"1+X"证书制度追求的是经济利益、人力资本、技术资本和社会资本的获得。虽然《职业教育培训评价组织遴选与监督管理办法（试行）》等政策文件明确规定培训评价组织开展职业技能等级证书开发与考核应该坚持把社会效益放首位，不以营利为目的，但是却以成本补偿为基础，给予培训评价组织一定财税补贴，可以说培训评价组织参与"1+X"证书制度是具有一定经济效益的。

企业作为用人单位成为"1+X"证书制度的直接利益相关者。在新一轮科技革命和产业变革浪潮中，企业需要寻找新动能、新模式、新技术，以实现新旧动能的转换。所以，对于企业主体来讲，在"1+X"证书制度系统中，企业的核心利益诉求主要表现在两个维度：内部——经济利益；外部——社会责任。[①] 对于企业自身发展来说，主要是从事生产、服务等经济活动，以满足社会需求，实现盈利。在经济利益的驱动下，企业需要高素质和高技术技能型人才，通过提高企业人力资源质量来提高企业的核心竞争力，实现企业的高质量、高效率和可持续发展，这是企业发展的内在要求。在参与职业教育办学过程中，企业可以发挥办学主体的优势，培养企业所需的高素质技术技能型人才，与职业院校实现互利共赢发展。在合作过程中，企业还可以利用职业院校的专业人才和科研人员开展新技术研究、产品研发工作，加快科研成果的转换。

---

① 黄娥. "1+X"证书制度体系构建的困境与出路——基于利益相关者视角[J]. 成人教育，2020（4）：42—49.

人力资本和技术资本的获得是培训评价组织参与"1+X"证书制度的主要诉求。一方面，通过开发职业技能等级标准，培训评价组织能够将行业、企业岗位对于技术技能人才结构、类型及能力等多方面的要求更为直观地表达出来，并通过职业技能等级标准与专业教学标准的融合，提升技能人才培养的针对性与适应性，满足企业未来人力资本发展需求。另一方面，培训评价组织不仅包含职业技能等级证书开发与考核，更包含培训，涵盖的对象有职业院校学生也有社会人员。作为培训评价组织的企业本身也有在职员工能力提升的需求，通过职业技能等级证书的培训，能够提升在职员工对新理论、新技术、新工艺等的把握，提升能力，满足了企业现实人力资本和技术资本发展需求。

此外，职业技能等级标准代表了行业要求与岗位能力需求，对行业新进技术技能人才与在职员工都起到一个导向作用，可以说，谁掌握了标准开发权，就在一定程度上掌握了行业话语权。随着"1+X"证书制度的推进，将会覆盖到更多的行业企业，会有越来越多的院校、学生、技术技能人才等参与进来，其社会影响力将持续扩大，也将给培训评价组织带来社会声誉提升等长远利益，满足了企业社会资本发展需求。在参与办学过程中，企业可以扩大自身社会影响力和提高社会知名度，吸引更多优质人才加入企业，增加企业的隐形资源。

第三节 政府定位及价值诉求

教育政策是国家和政府制定调整教育领域的社会问题和利益关系的公共政策，具有政策价值、经济价值、教育和人的发展价值等。在"1+X"证书制度教育政策中，也蕴含了特定政策价值、经济价值、教育和人的发展价值。

一、政府的角色定位

政府是"1+X"证书制度的制定者,制度实施的宏观指导者、监督者与管理服务者,政府举办教育具有非营利性和社会公益性,因而政府不是"1+X"证书制度的核心利益获得者,但政府也能从制度实施中获得相关利益。通过"1+X"证书制度的实施,健全现代职业教育人才培养体系,全面提升技术技能人才受教育水平与质量,培养出社会急需的高素质人才,缓解结构性就业矛盾,更好地服务经济发展,这是政府推行"1+X"证书制度最主要的公共利益诉求。其次,实施"1+X"证书制度也是政府贯彻落实"放管服"工作的要求,转变政府角色,由实施主体向管理与服务者转变,通过社会化的运行机制,提升市场在教育资源配置中的作用,提升公共服务的效率和质量。再次,将培训评价组织引入教育,并赋予其职业技能等级证书开发、考核的主体地位,能够激发社会力量举办职业教育的内生动力,丰富职业教育办学主体,提升办学活力。此外,"1+X"证书制度的实施是对我国职业技能证书制度的修正与创新,破除了原有证书制度中证书管理混乱、证书社会认可度不高、证书落后等实际问题,能够促使学历证书与非学历证书的等值、互认与融通,为国家资历框架制度提供了实现的基础,从而达到搭建技术技能人才成长立交桥和畅通成长通道的目的。

二、政府的价值诉求

(一)扩大受教育培训权利范围,促进教育公平和社会阶层良性流动

当前,我国正处于社会转型升级发展的关键期,传统产业日渐解体,新兴产业蓬勃发展,社会出现很多新型岗位,要求人们不断地更新知识结构,以适应新的经济环境。从社会视角来看,合理的社会流动是社会良性运行的重要协调机制。我国引入市场和竞争机制之后,受教育程度

等"获致性因素"对社会流动的影响日益显著,[①] 教育对于个体职业获得和社会流动的影响越来越大。科学技术革命不断推动产业转型升级,社会对专业技术人员的需求不断增加,若缺少文化技术资本积累的渠道,社会流动规模和流动结构就会难以适应经济发展需要,人们就业或择业的权利和机会也会减少,不利于促进社会公平。《国务院关于印发国家职业教育改革实施方案的通知》和《教育部等四部门印发〈关于在院校实施"学历证书+若干职业技能等级证书"制度试点方案〉的通知》中明确提出了院校内培训人群可扩大到社会人群,院校外培训也可面向在校学生,旨在将受培训权利进行重新分配,扩大受培训对象范围,使更多群体能够享受到再教育或受培训的权利,从体制机制上对高技能技术性人才培养做了全面部署。一方面,直接提高了人才培养质量;另一方面,兼顾了教育公平和社会公平。

(二)加快人力资源供给侧改革,促进经济转型升级和高质量发展

我国经济转型升级和高质量发展需要高技能、高技术的专门人才支撑,因此,需要加快人力资源供给侧改革,提高人力资源供给数量、质量和改善人才结构,以服务经济社会发展。针对企业职工、就业重点群体、贫困劳动力群体,应优先面向农业、先进制造业、现代服务业、战略性新兴产业等技能人才紧缺领域开展分层次、有重点、多形式的在岗培训、脱岗培训、提升培训、转岗专业或创业培训,解决人力资源供给不足、层次不高、专业技能人才供不应求的结构性问题,补齐就业难的短板,将人力资源供给侧改革作为经济社会转型发展的重要支撑。

(三)提高劳动者职业技能水平,促进大众就业创业

从个体角度来看,受教育水平和程度、职业技能水平在很大程度上决定劳动者在新的职业结构中的位置。通过正规教育一次性获得学历水平来获取社会、经济地位的方式在科学技术和产业迅速变革的时代已不适用,需要通过继续教育和职业技能培训来不断提高劳动者的生产能力,

---

① 陆学艺.当代中国社会阶层研究报告[M].北京:社会科学文献出版社,2002:58.

以适应社会发展的需要。职业技能培训是保持就业稳定和缓解结构性就业矛盾的重要举措，全面提升劳动者的职业技能水平，促进大众就业创业，实质上就是使劳动者在自己从事的职业领域内，接受更高层次和水平的继续教育，不断提高自身的职业综合能力和素质，通过职业的再适应、再选择、再创业获得个人向上流动的能力，进而提高社会资源获取的能力。

（四）推行终身职业技能培训制度，畅通人才可持续发展通道

从职业教育制度建设和职业教育体系发展层面来看，"1+X"证书制度主要是在职业教育领域进行的一项重大改革举措和制度设计，其主要目的在于培养高素质劳动者和技术技能型人才，通过完善职业教育体系建设，健全职业教育制度和标准体系，推动多元主体协同办学，开发职业技能等级证书，以国家职业标准和职业技能等级标准为基础，调整职业院校专业人才培养方案，优化课程设置和教学内容，促进教学标准和职业标准的融合，使学校人才培养与社会人才需求相匹配。同时，将人才能力评价标准与职业技能等级标准相融合，促进人才评价方式与职业技能鉴定方式融通，深化职业教育教师、教材、教法改革，提高职业教育办学质量。通过建立职业技能等级证书制度，针对企业职工、就业重点群体、贫困劳动力等在职群体开展终身职业技能培训，建立终身职业技能培训制度，为各类劳动者和准劳动者开展有针对性、实效的职业技能培训，畅通技术技能型人才成长通道，办好服务于全体劳动者的高质量职业教育。

第四节　其他相关者的价值诉求

"1+X"证书制度的实施是一个系统工程，涉及众多的相关者，除了实施院校、开发的培训评价组织、政策制定的政府以外，还涉及参与的

学生、学生家长、社会人员、用人单位和行业组织等。

一、参与主体学生的价值诉求

职业教育"1+X"证书制度参与主体是学生，职业技能等级证书是如实反映学习者职业技术能力的一种证书，相较于原有职业资格证书静态的、结果式的职业能力呈现，职业技能等级证书反映的是学习者能力达到的层级，具有动态性。加之由于职业资格证书实施中出现的证书种类繁多且部分证书含金量不高、证书监管不严、乱收费滥发证现象严重、扰乱市场秩序等问题，国家大幅取消了职业资格证书，并在《关于分类推进人才评价机制改革的指导意见》等政策文件中明确提出要推行职业技能等级证书制度，可以说参与"1+X"证书制度是顺应时代与政策要求的必然选择。其次，职业技能等级证书由行业、企业进行标准开发，协助院校开展培训，组织证书考核，且实行社会化的管理运行机制，证书的社会认可度可持续与否市场占主导地位，能够更好、更真实地反映出行业企业及岗位需求，证书的获取能够提升学生的技能，让自己更加适应用人单位需求，提升就业砝码与竞争力。再次，职业技能等级证书的考取不具强制性，学生可以根据自身能力或者是兴趣自由选择证书的考取，一方面可以作为专业的拓展与延伸，另一方面也可以作为专业的补充，让自己在专业知识之外具有更多的复合性的能力，为今后职业的晋升、可持续发展打下基础。

二、社会相关者的价值诉求

"1+X"证书制度的实施涉及的不仅仅是教育领域，更是牵动了整个社会，其边缘利益相关者包括学生家长、社会人员、用人单位和行业组织等。从学生家长角度出发，让学生获取更多技能及提升就业能力是其支持"1+X"证书制度的主要利益诉求。从社会人员角度出发，其利益诉求在于：一方面改变不合理的评价制度，破除"唯学历、唯职称"的顽瘴痼疾，建立以能力为核心、更加注重操作能力的技术技能人才科学的评价制度与体系，扭转"官本位"的思想，提升技术技能人才的社会地位，形成尊重工匠、尊敬技术技能人才的社会氛围，提高技术技能人才的待遇。另一方面，通过"1+X"证书制度的实施，推动学分银行和学历认证的发展，完善技术技能人才成长的通道也是其价值诉求。从用人单位角度出发，通过职业技能等级证书标准的开发推动行业标准的更新与完善，从而促进整个行业的进步，通过职业技能等级证书的获取提升就业人员的整体素质，招聘到更加合适的员工是其主要利益诉求。从行业组织来说，被培训评价组织吸纳，参与到"1+X"证书制度中，能够更好地促进其连接院校和企业桥梁纽带作用的发挥，更好地沟通、协调院校和企业的需求，深入推进校企合作，更好地助推行业的发展。

第三章 职业教育"1+X"证书制度的现状

"1+X"证书制度试点工作开展至今已近四年,在取得了一定进展的同时也暴露出不少问题。全面总结试点工作过程中取得的成效和经验,深入分析实施过程中存在的问题及原因,以期为"1+X"证书制度的后续开展提供借鉴与参考。

第一节 职业教育"1+X"证书制度的实施现状

自2019年"1+X"证书制度试点工作启动以来,相关主体着力落实,相关工作稳步推进,所积累的成果和经验为试点工作的持续推进和不断完善奠定了坚实基础。

一、"1+X"证书配套制度体系

2019年4月,教育部、国家发展改革委、财政部、市场监督总局四部门联合印发《关于在院校实施"学历证书+若干职业技能等级证书"制度试点方案》,宣告了"学历证书+若干技能等级证书"("1+X"证书）制度试点工作的正式启动，同时从顶层设计层面明确了"1＋X"证书制度工作的思想原则、目标任务和具体内容，并对试点范围及进度、组织实施及保障进行了全面部署。此后，教育部、人力资源和社会保障部等相关部门印发了《关于推进"1＋X"证书制度试点工作的指导意见》《关于做好首批"1＋X"证书制度试点工作的通知》《关于做好职业教育国家学分银行建设相关工作的通知》《职业技能等级证书监督管理办法（试行）》等10余份制度文件和通知公告，对证书的遴选、考核与发放、师资的针对性培训与提升、试点过程的管理与监督等作出了明确、详细的规定，为试点工作的规范、有序推进提供了有力保障，为包括各级各类职业院校、培训评价组织等在内的相关主体履行职责、落实职业技能等级证书获取与管理工作提供了权威参考。在标准体系建设方面，教育部发布的《关于职业技能等级证书编码规则（试行）及证书参考样式的公告》为职业技能等级证书的制作与发放提供了统一标准。指导培训评价组织、行业企业和职业教育研究机构等相关主体，开展了职业技能等级证书标准的论证并公开发布，为试点院校将职业技能等级证书标准融入人才培养方案提供了蓝本。

二、"1＋X"证书制度推进力度

作为一项关涉众多主体的系统工程，"1＋X"证书制度试点工作的顺利开展离不开国家及地方相关职能部门、各级各类职业院校、培训评价组织、行业企业等相关利益主体的协同发力，统筹落实职业技能证书的规范化遴选和标准建设、师资及教学资源的开发跟进、考核认证与证书管理等多方面的工作任务。在宏观统筹层面，国务院职业教育工作部际联席会议制度对"1＋X"证书制度试点工作中出现的重要问题进行了定期的研究和协调。通过出台相关政策及工作指导意见、组织专题研讨会等手段途径，为地方行政部门、试点院校、培训评价组织等具体落实"1＋X"证书制度试点工作提供了指导。依托"1＋X"职业技能等级证书信息管理服务平台，动态化掌握、报送"1＋X"证书制度试点工作实施情况，开展实时监督与服务。在中观协调层面，建立完善试点工作协调机制，根据上级政策文件精神细化试点工作的要求和条件，权衡现实需求与能力，确定地区内"1＋X"证书制度试点规模，并做好相关备案工作。牵头汇聚行业企业和教育专家、协同培训评价组织，高质量完成政策及标准解读、人才培养方案制定、师资培训与团队建设、考核站点遴选与考试发证等试点相关工作。在微观落实层面，培训评价组织秉持着确保证书质量和对技能人才负责的原则，严格推进培训考核标准及资源开发、考核站点遴选和证书考核发放管理等工作。试点院校围绕试点工作，建立了专业化的推进与管理团队，在人才培养方案制定、课程体系重构、实习实训条件改造、师资团队培训等方面重点着力。并将"1＋X"证书制度试点工作与"双高"建设、提质培优行动、百万扩招等重大建设项目相结合，以高质量发展为目标同步推进。

三、"1＋X"证书制度社会关注和认可度

教育部先后于2019年4月、9月和2020年1月、12月31日公布了四批447个职业技能等级证书作为试点。其中第一批6个，第二批10个，第三批76个，第四批355个，基本涵盖了现代农业、先进制造业、现代服务业、战略性新兴产业等技能人才紧缺领域。"1＋X"证书制度试点启动伊始，便已引起了社会和学术界的高度关注，随着试点领域的拓展和规模的扩大，行业企业、社会从业人员等对职业技能等级证书的关注度进一步提升。相关学者围绕这一主题开展了大量理论与实践研究，知网收录的相关文献已超过4600篇，这也为试点工作的完善提供了重要的理论支撑和经验借鉴。同时，"1＋X"证书制度试点工作的开展也有力推动了职业院校教育教学改革的进程。将职业技能等级标准和岗位需求有机融入学校专业教育的课程教学之中，保障学生在校学习过程中就能获得专业知识、职业素养和多种职业技能，提高就业和可持续发展能力。强

化了教育与产业需求相结合、学校与企业相合作、学习与工作过程相统一的职业教育跨界属性。教育教学改革的深化带动了人才培养质量的提升，职业教育也在稳步深耕中获得了更高的社会认可度。

第二节 职业教育"1+X"证书制度存在的问题

由于对制度理念存在字面化、片面化的理解，加之"走捷径""跟热潮""搞形式"的风气游走于教育内部，一些功利化现象在"1+X"证书制度实施初期已隐隐显现，且随着实践的深入有愈演愈烈的趋势。

一、"1+X"证书制度实施中的问题

（一）目标功利：就证论证的线性逻辑

《国家职业教育改革实施方案》中提到"鼓励职业院校学生在获得学历证书的同时，积极取得多类职业技能等级证书"，以此自然而然会得出职业技能等级证书多多益善的结论。职业技能等级证书虽与市场中流行的社会化证书不同，且没有强制性的约束条件，但因具有制度影响力且与就业直接相关，所以一股"考证热"的掀起仍在所难免。对于证书数量的追求本无可厚非，"热度"本身亦不构成困扰，问题在于就证论证的线性逻辑容易导致视域的狭窄和决策的失衡——因过分看重证书获取的结果而忽略能力提升的初衷和过程，使"技多不压身"演变成"证多不压身"；因追逐"X"的热度而冷落"1"，削减和压缩人文、社科类等与考证相关度不大的课程。从"1+X"证书制度的出发点来看，鼓励取得多类职业技能等级证书绝不是降低对学历证书的要求。"试点工作要进一步发挥好学历证书作用，夯实学生可持续发展基础""拓展就业创业本领，缓解结构性就业矛盾"，其初衷是为学生提供更为丰富多样的学习资

源，以练就更全面、更扎实的本领，实现高质量就业和职业生涯可持续发展。可以说，就证论证的目标功利很大程度源于对"1+X"证书制度的狭隘解读和追逐热点的惯性。从内隐的层面来看，这种线性逻辑所影响的不仅仅是院校教育的决策倾向，还将导致学生的盲从——将学习和努力的方向倾注于获得时下社会认可的标志性资源，没有根据自身的能力、个性、职业规划有针对性地自主选择证书类别，"一把抓"的证书最终在就业中能否发挥实质性作用亦不得而知。

（二）过程功利：为考而考的市场操作

当前，对培训评价组织实行社会化招募，在采取竞争和退出市场化运作机制的同时，强化了公开、公平、有序的原则，将争夺利益最大化的恶性竞争防范于未然，但包含企业、行业协会和技工院校等在内的逐利主体的寻租行为与教育主体的异化仍不无可能。宏观层面的制度可以规范"滥发证""多收费"等"乱象"，却很难堵住"快餐化培训""应试化教学"的"捷径"。以往教考分离的出国类语言测试项目等尚且构成前车之鉴，如今职业技能等级证书自培自考的机制更是给"为考而考"的应试操作提供了近水楼台的条件。这种表面以追求"考试通过"效率为目标的看似经济理性的"捷径"，其背后承载的是导致学生"高分低能"的风险。类似倾向不仅出现于市场主体，还出现在职业教育内部。职业技能等级证书在无形中成为新的应试指挥棒，驱动着培训评价组织的逐利行为，在试点院校专业建设和人才培养中发挥着导向性作用。从已开发的证书来看，考核形式大同小异、有章可循，一些试点院校通过"集中教学""刷题"等方式帮助学生快速熟悉证书考试内容，并以证书速成为起点将这种教学方式蔓延到整个教育过程。若不及时勒马，学生对于知识的"知其然而不知其所以然"将成为常态，个性化的湮没和千人一面现象也在所难免。

（三）方法功利：一证一课的分解向度

对于院校而言，职业技能等级证书的提出并不是要求在已有的专业教学之外再设计一套培训课程体系，而是要将职业技能等级标准和岗位需求衔接融合到日常课程教学之中，模块化的培训只作为适当补充。要实现真正意义上的"衔接融合"，其难度不容小觑。无论是将"X"完全融合到"1"中，还是"X"与"1"的部分对接融合，都需要系统策划、设计、重构专业人才培养方案和课程体系，将学历课程与职业技能等级证书所包含的学习成果单元进行比对，具体分析两者的关键接点和融合面，针对性地置换、强化、补充、拓展原有课程内容。相较于把职业技能等级证书标准规定的知识、技能、能力要求渗透到专业课程教学内容中，将两者机械叠加显然更"方便快捷"。然而其暗含的潜台词是学历证书和职业技能等级证书是两个独立的体系，这种"分解"向度与"1+X"证书制度强化的"融合"隐喻背道而驰。我们很难追究其根源是对"1"与"X"关系的"误解"，还是明知故犯的"畏难"，但后果是不难预料的：现有的学历教育内容已满满当当，若直接叠加，导致的将是超负荷学习。鉴于当前的课程组织仍聚焦于知识的内在逻辑和系统性，对现实工作的需求、问题和能力关注不够，未能体现职业教育的类型特征。"1+X"证书制度的提出实质是对课程改革的倒逼，是对以往课程内容组织方式的修正，引导在关注知识系统性的同时注重行动环节之间的逻辑关系、产生方式和对职业行动能力的整体构建。从业已分析的两个层面来看，一时的图省事所浪费的将不仅是学习时间和学习资源，还极有可能涉及重要的改革机遇。

（四）评价功利：时效至上的选择偏好

"1+X"证书制度将体现个体系统学习历程、综合素养的学历证书和体现对企业与职业岗位的适应本领、职业生涯发展所需能力的职业技能等级证书相结合，将学校和社会认可的通用性评价与不同行业企业岗位能力要求的特殊性评价相结合，其实施不仅将倒逼人才培养模式改革，还将推动技术技能人才评价模式改革。颇为尴尬的是，当前正处于国家资历框架和学分银行建设尚待完善、职前职后一体化评价标准尚未建立的过渡时期，学习成果间的相互认证与转换并未畅通，本质上仍是采用统一的标准来衡量学生的学习成果，区别只是在过往的基础上强化了技能标准的重要性，个性化的特点以及难以量化的品质依旧无法体现，学生的自主选择和自由学习也暂且只是空中楼阁。同时，随着实践的推进，那些在人才市场通行性强、认可度广的职业技能等级证书的地位将变得居高临下，能否通过这些"重要"证书的考试俨然将会成为新的评价标尺。职业技能等级证书虽并不具有强制性，但在制度的影响力之下仍具有规训的权威，而受到长期以来暗流涌动的狭隘实用主义倾向影响，教育主体和教育对象已渐渐领悟并具备了"应对"智慧，由此形成的"哪个好考考哪个""哪个好用考哪个"的选择偏好也变得理所当然。相较于就证论证线性逻辑下的盲目功利，这种外控的、狭窄的选择偏好是一种有的放矢的功利。从功利现象的生成机理来看，评价导向是一个源头性的因素，它在将教育行动引向全面发展和自由发展的对立面的同时，也为为考而考的市场操作提供了更明确的"方向"和更稳定的"市场"。

二、"1+X"证书制度实施中的问题反思

"1+X"证书制度实施过程中的功利化倾向可以部分归结于相关主体对政策文本只观其形不思其理、只看中间不看两头的误读。从更深层面来看，其背后所反映出的是困扰职业教育发展的痛点与矛盾。

（一）兼顾难题：就业导向与终身发展需求的矛盾

促进就业是职业教育最为重要的责任担当之一，但职业教育的眼界格局和发展价值并非就止于此。《教育2030行动框架》视野下职业教育的作用不仅在于促进就业，还在于为学生提供终身学习的机会。新时代，人民的需要已经由"物质文化需要"转变为"美好生活需要"，个体的发展诉求已远远超越生存水平，基于终身发展的职业教育理念才是时势之趋和现实之需。事实上，学界关于"就业取向""社会取向"与"人本取向""生涯取向"的争论虽一直存在，但面向就业、面向社会的价值取向并未抹杀教育的个体性和人本性，两者全然不冲突。问题的根源在于取向选择的单一化、片面化，尤其当前面临着严峻的就业形势，更容易使

人陷入以就业为目的的直进式的思维窠臼，而忽略人本的追求和长期的可持续发展。也正是在这种单一取向的影响下，职业技能等级证书基于可持续发展能力的考量被忽略，其就业敲门砖的作用被聚焦放大。这提醒我们，当前职业教育价值取向的天平已然有失偏颇，需要向人本和生涯取向一端倾斜，才能保持其完整与平衡。

（二）价值冲突：企业逐利与教育公益的矛盾

企业逐利与教育公益的矛盾一直以来是横亘在校企合作中的一道难题。企业以追求利润为目标，生存于等价交换、优胜劣汰的市场机制中，而教育事业强调社会效益体现社会公平，处于非竞争性的机制之下。从校企合作的角度来看，企业的目的在于从中获得"人力资源"，以此提升市场竞争力，从而更好地盈利。院校的目的在于更好地利用企业的资源，对接企业的需求，以提升人才培养质量。两者的矛盾冲突主要体现为：企业看重时效和实效，希冀在短期内看到经济效益，但人才培养具有长周期性、延迟性和内隐性，企业所投资的显性的人力资源成本短期之内将远大于投资收益。虽然企业作为社会组织亦肩负着不可推卸的社会责任，但若合作是迫于外部压力，没有基本的共识和需求的交互，企业很可能处于消极应付的状态。在"1+X"证书制度语境下，职业教育进一步开放，参与其中的利益主体更加多元，主体间的矛盾冲突将有增无减。追究最真实的动机，企业只愿用人，而不愿培养人。同理，作为职业技能等级证书实施主体的培训评价组织倾向于只提供考证服务，无心培训育人。市场主体与教育主体属性的异质性是一道天然的鸿沟，不能要求某一方妥协改变其价值追求和行动取向以强行弥合，唯有通过双方的磨合实现价值认同，以规范和契约为约束，争取双方都能从合作中获得理想的收益和成效，以平衡、协调的方式来跨越鸿沟。

（三）过程挑战：现行培养模式与高技能人才成长规律的矛盾

随着智能化时代的发展，产业发展对技能人才的要求不同以往：高技能人才要求在具备扎实的专业理论知识、操作技能和技术经验的基础上，对相关领域也触类旁通，能将常规性的工作做到极致，也有能力通过融合多元的知识技能，解决复杂的关键性问题，这也是"人"不可被人工智能替代之处。高技能人才对知识的掌握程度由"理解、运用"上升为"内化、综合、创新"，其成长也需要更长时间的锤炼打磨和实践历练。从高技能人才需求和成长规律来看，现行的培养模式难以支撑其成长成才。一方面，职业院校的学生在抽象的理论知识学习方面并不擅长，在实践教学中充分体悟是实现知识内化、综合、创新的最佳机会。但当前职业院校在实践教学条件、师资力量上的捉襟见肘，对职业素养培养的耐性缺乏，在工学结合、校企合作人才培养层面的浅尝辄止，并不能为学生提供足够的平台与机会。另一方面，在职业教育教学实施过程中，一直未能找到专业教育与通识教育的权衡点。职业教育不同于普通教育亦不同于职业培训，对专业教育和技能训练的过度倾斜，或在通识教育和文化知识教学上的面面俱到都有悖于职业教育作为类型教育的特征与担当。所谓权衡并非完全对等，而是如何凝聚两者的合力以培养出"完满的职业人"。① "1+X"证书制度意图树立文化素质与职业技能并重的标杆，却被当成了"重技轻知"的信号。这种倾向可以归于单维思维的惯性使然，或是对以往"重知轻技"的矫枉过正。在更广义的层面上所反映出的事实是，距离"校企跨界合作、产教需求整合、共性与个性并蓄"的理想化的类型教育，还有很长的路要走。

（四）效率之困：投入成本与教育收益的矛盾

在人才培养过程中，职业教育的跨界属性需通过校企合作、实训建设、"双师"教师来实现，而校企合作平台的搭建、实训场所和设备的购置、师资水平的提升都需要花费较大成本。综观当前职业教育的社会收益，由于刻板印象，职业教育的社会认可度仍旧不高，并未实现真正意义上的"香起来""亮起来"，众人眼中的技术技能人才属于蓝领或灰领阶层，与理想中的精英人才相去甚远。从个人收益来看，在学习上所付出的额外努力，尤其关于工匠精神等内在品质的打磨，没有固定的外在

---

① 陈鹏，庞学光. 培养完满的职业人——关于现代职业教育的理论构思[J]. 教育研究，2013（1）：101－107.

衡量标准,也不一定能在短期内充分展现。可见,在固有的功利化衡量模式下,职业教育的投入成本与收益明显不对等。教育主体不同于市场主体,但也会有对于"投入"与"回报"的考量。"1+X"证书制度的提出又对人才培养提出了更高的要求,难度系数的升级加之教育资源的结构性短缺,投入成本将被进一步放大,而收益暂未可知,两者间可能存在的落差也是院校回避改革的原因所在。但成本与收益有落差并不代表要减少作为、缩减成本,所谓的"收益"也只是基于狭隘的外在标准的强行量化,在呼唤评价改革的同时更科学地将投入成本转化为人才培养质量的提升,才是突破成本与收益之间矛盾的根本。

第三节 "1+X"证书制度中培训评价组织最大效能发挥的挑战

在"1+X"证书制度推行过程中,培训评价组织面临如何平衡教育公益性与企业盈利性、处理职业技能等级证书与资格证书并行关系、保障证书社会公信力与维持自身竞争力的挑战。

一、教育公益性与企业盈利性的平衡

教育部《关于持续招募职业教育培训评价组织的公告》明确申报培训评价组织要求"坚持把社会效益放在首位,不以营利为唯一目的"。可见,与其他社会培训组织相比,"1+X"证书制度中的培训评价组织不能以营利为唯一目标,应将社会效益放在首要位置,而且"1+X"证书制度还是沟通学历教育与职业培训的重要主体。但这不能改变培训评价组织的市场属性,追求利益和效益是其本质和永恒主题,对一个营利组织过度的强调公益不现实。如何处理教育公益性与企业盈利性间的矛盾,让培训评价组织保持参与"1+X"证书制度的热情,保持不断开发职业

技能等级证书的动力,不仅是培训评价组织面临的挑战,更是"1+X"证书制度面临的问题。同时,开放资本进入职业教育,允许多元主体投资职业教育,作为承接资本主体,拥有证书开发、发放、管理能力的培训评价组织如何在资本面前保持初心,避免权力寻租和教育的产业化也是值得深思的问题。此外,职业技能等级证书不仅是技术标准、行业企业要求,更是在院校实施的教育、培训标准,这是其与市场中流行的社会化证书的区别。"1+X"证书制度中职业技能等级培训,尤其是针对在校学生实施的职业技能等级培训并不是单纯的职业培训,它需要兼顾学生可持续发展能力、职业精神等多重要求。作为培训主体之一的培训评价组织如何在实施过程中避免掉入培训化和"证书式"培训也是需要探讨的问题。

二、职业技能等级证书与资格证书并行关系的处理

职业教育将教育证书制度与职业资格证书制度结合源于"双证书"制度。"双证书"制度就是指职业院校学生在取得学历证书同时还取得相应的职业资格证书。1993年,《中共中央关于建设社会主义市场经济体制若干问题的决议》在政策文件中首次提出"实行学历文凭和职业资格两种证书制度"。在"双证书"制度施行的26年中,其在促进我国职业教育教学改革、培养学生技能、促进就业等方面发挥了重要作用;但随着时代发展和科技进步,也展现出一些难以逾越的弊端,如职业资格证书开发难以跟上产业发展的脚步、证书的覆盖面有限、含金量足的证书不多、证书培训与管理存在混乱现象等,最重要的是教育证书与职业资格证书属于不同体系,遵循的逻辑不同、标准各异,融合的难度非常大。但将职业资格证书标准纳入学校职业教育体系的导向是正确的,一定程度上来说,"双证书"制度是"1+X"证书制度的基础,"1+X"证书制度有制度设计上的突破,但也有对其的延续。因而,在职业教育实施"1+X"证书制度后,双证书制度是否继续推行,是一个需要探讨的问

题。同时，职业资格证书与职业技能等级证书的关系是怎样，也是一个值得思考的问题。目前来看，二者是一种并行的关系，一是《中华人民共和国职业教育法》第八条规定职业教育实行学历证书、培训证书和职业资格证书制度，这就给予了职业资格证书合法的地位；二是一些行业有从业资格要求，要求从业人员必须取得相应职业资格证书；三是承担培训工作是职业院校的职能所在。此外，还有社会性质的培训证书也仍在适用，"双证书"制度与"1+X"证书制度并行，职业技能等级证书与职业资格证书、培训证书并行的现状将会是培训评价组织长期面对的现状。

三、职业技能等级证书社会公信力的保障

职业技能等级证书具有自主选择性，院校具有选择 X 证书的权利，学生和社会成员具有选择参与 X 证书培训与考核的权利，职业技能等级证书不与学生学历挂钩，证书的获得与否不作为学生毕业的限制条件。同时，职业技能等级证书不是就业的准入证书，与从业资格证书有本质区别，也不强制与待遇挂钩。作为这样的"三不"证书，职业技能等级证书的社会公信力直接关系到"1+X"证书制度实施与推广能否成功。制度赋予了培训评价组织开发、建设、考核、管理、发放职业技能等级证书的权利，对职业技能等级证书质量、声誉负全责，人力资源与社会保障部、教育部负责监督与考核。相较于以往职业资格证书由国家行政部门负总责、少量行业协会参与的模式，"1+X"证书制度设计，进行了主体的置换，突出了培训评价组织的作用，但也使培训评价组织缺乏与生俱来的社会公信力。加之，培训评价组织属于新生事物，职业技能等级证书也是一种新型证书，试行初期，社会对其的信任度、认可度需要一个建立的过程，因而如何建立、保障、提升社会公信力是培训评价组织发展需要思考的问题。

四、培训评价组织同行间竞争力的保持

培训评价组织通过社会化机制招募，职业技能等级证书的开发面向全社会公开招募，符合条件培训机构的都可以申报，招募具有开放性。且随着"1+X"证书制度的推进实施，证书的覆盖面将不断扩大，需要的培训评价组织会越来越多，其招募会是一个常态化的工作，具有持续性。招募的培训评价组织和证书不具排他性，同一个职业技能等级证书可由一个或多个培训评价组织开发，一个培训评价组织也可以开发多个证书，公平竞争，择优录取，教育部、人力资源与社会保障部目录内的职业技能等级证书具有同等效力，享受同样的待遇。同时，随着产业的发展和技术的进步，职业技能等级标准是一个持续更新的过程，职业技能等级证书也会有新旧的更替，落后于时代的证书将会被淘汰，新的证书将会被开发，因而培训评价组织施行目录管理，实行退出机制。此外，培训评价组织还要接受来自教育行政部门、行业组织、专家组织、院校、社会等多方面的抽查和监督，如何在同行中保持竞争力，确保证书的含金量与社会认可度也将是培训评价组织面临的挑战。

第四章 国外职业资格证书制度借鉴

职业资格证书制度是各国劳动力管理的重要手段,也是促进职业教育与培训发展的重要保证。① 西方国家的职业资格证书制度拥有较长历史,建立了较为完善的制度体系,对西方国家职业资格证书制度进行研究,对促进我国现代职业资格证书制度建立有积极意义。

第一节 英国职业资格证书制度

英国是世界上最早开展职业教育的国家之一,从 20 世纪 20 年代开始先后在一些重要行业实行职业资格证书制度。但重学术、轻技能,重精英教育、轻劳工技术培训等传统,以及不同地区间的政治、经济、文化差异,让其职业资格证书制度历经了多次变动,在不断调整、充实和完善中缓慢发展。

---

① 徐国庆. 职业资格证书模式的国际比较研究 [J]. 全球教育展望,2006 (1): 67—72.

一、英国职业资格证书制度的发展概况

（一）提倡阶段（1981—1990年）

一战后的重建刺激了英国职业教育的发展。1921年，英国率先在机械工程领域内实施职业资格认证，并逐步向电力工程、建筑、化学、造船、纺织、商业等领域扩展，但在实施过程中出现了资格市场体系繁杂、证出多门、缺乏统一规范管理等问题。二次大战后，受战争影响，为摆脱颓势，英国政府出台系列文件，推动职业资格证书制度的变革。

1981年，英国发布了《一个新的培训动议：行动方案》，促进了英国职业培训的全面发展和质量提升。方案规定了主要手工业者及技术人员的技能水平标准，试图通过职业教育与培训使从业者达到明确而规范的水准，确保从业者最基本的资格水平。1985年，公布《年轻人的教育和培训》白皮书，提出企业人员的使用需要有通用、统一的资格标准。1986年，《英格兰和威尔士职业教育资格回顾》的报告和《共同工作：教育和培训》白皮书发布，进一步明确了国家以"能力标准"为就业行为目标，建议成立国家职业资格委员会（The National Council for Vocational Qualifications，NCVQ），授予NCVQ制定职业资格标准的权利。至此，首个代表英国政府负责在全国范围内推行国家职业资格证书制度的权威部门诞生，并于两年后推出五级水平体系。1988年，《九十年代的就业》白皮书发表，促进国家成立了企业培训委员会。1989年，《技能2000》和《职业教育和培训任务要点》的发布，使职业教育与培训的现代化进程以及建立清晰明了的职业资格标准成为英国的紧迫任务。

总之，在这一阶段，英国职业资格证书制度主要是从职业资格证书名目种类繁多、互相沟通受限、内容叠加重复的问题中理出职业资格证书制度发展方向，推动职业资格证书制度的建立和发展。

（二）初试阶段（1991—2000年）

1991年，为消除学术资格和职业资格之间的层次差异，鼓励青年人接受培训教育，英国推出了《21世纪的教育和训练》，并首次提出设立普通国家职业资格证书（General National Vocational Qualifications，GNVQ），旨在开发出一条与中等教育普通证书和普通教育高级水平证书并行的职业教育资格证书通道，为14—19岁的青年人提供可选择的全日制职业教育课程。同时，在学校教育与培训中积极发挥用人单位的作用，提升学生就业的灵活度。1992年，国家职业资格委员会正式推出普通国家职业资格证书（GNVQ），并在多所学校试行。普通国家职业资格证书（GNVQ）的试行，满足了有意愿选择职业课程但又不想过早确定职业方向的学生的需求，也为亟须接受高等教育的学生留有了发展余地。普通国家职业资格证书（GNVQ）的推行，扩大了职业资格的概念，不再仅限于专业的岗位教育和培训领域，让年轻人接受职业基础教育和获得高水平职业资格变成了可能，更促进了职业教育和普通教育的沟通衔接。1993年，普通国家职业资格证书（GNVQ）细分成基础级、中级和高级三个等级，并在职业学校教育中开始推行，职业教育第一次作为独立的体系在英国学校教育制度中反映出来。1994年，德林报告（Dearing Report）指出，义务教育后学生有三条可选通道：国家职业资格考试（NVQ）对应直接就业者，高级普通教育证书考试（The Level）对应学术升学者，普通国家职业资格考试（GNVQ）对应职业升学导向者，且三类证书都由国家职业资格委员会批准，在国家资格框架内互通。教育与就业部统一管理全国职业技术教育，实行国家职业资格考试（NVQ）和普通国家职业资格考试（GNVQ）制度。1997年，资格与课程委员会（QCA）成立，负责建立国家职业资格证书制度框架（NQF）。[①]

经过十年发展，英国职业资格证书制度形成国家职业资格证书和普通国家职业资格证书两大体系，不仅保证了从业人员职业技能质量，也促进了英国劳动力市场的规范化。

---

① 李作章. 英国职业教育中的资格证书制度解析 [D]. 长春：东北师范大学，2007：7.

（三）改革阶段（2001—2007年）

资格与课程委员会（QCA）的成立，打破了学历教育与职业教育的分离，英国五级职业资格框架制度基本建立，详见表4-1。[①] 在此基础上，英国国家职业资格制度开始了改革之路。

表4-1 英国国家资格框架（1997年）

证书水平	学历证书 Academic		普通国家职业资格证书 GNVQs	国家职业资格证书 NVQs
5级	高等教育	学士学位	无	NVQ 5级
4级		文凭（副学士）	无	NVQ 4级
3级	GCEA/AS Levels 普通教育证书A级		GNVQ 高级	NVQ 3级
2级	GCSEs A*—C 普通中等教育证书		GNVQ 中级	NVQ 2级
1级	GCSEs D—F 普通中等教育证书		GNVQ 初级	NVQ 1级

2000年，英国政府使用全新的职业教育证书（VCE）来代替部分普通国家职业资格证书（GNVQ高级）。新的职业教育证书分为3个水平：第一个水平是高级（VCE A Level），有6个单元，等同于普通教育证书A级；第二个水平是高级补充（VCE AS），有3个单元；第三个水平是双重授予（VCE Double Award），有12个单元。由此，GNVQ高级课程与A Level课程实现了等值，并更名为职业A Level，资格证书制度的可转换性与可操作性提升。此外，引入核心技能课程，使其成为国家资格框架中不同资格的基础，推进了普通教育与职业教育一体化，促进了职业资格与教育资格之间的等值流通。[②]

[①] 郑静姝. 英国职业资格证书制度再研究[D]. 上海：华东师范大学，2012：16.

[②] 刘阳. 图解英国国家资格框架之改革进程[J]. 职业技术教育，2006（25）：81.

表 4-2　英国国家资格框架（2000 年）

证书水平	学历证书 Academic		普通国家职业资格证书 GNVQs		国家职业资格证书 NVQs
5 级	高等教育	学士学位	无		NVQ 5 级
4 级	高等教育	文凭（副学士）	无		NVQ 4 级
3 级	GCEA/AS Levels 普通教育证书 A 级		职业教育证书 VCE	双重授予 VCE Double Award	NVQ 3 级
3 级	GCEA/AS Levels 普通教育证书 A 级		职业教育证书 VCE	高级 VCE A Level	
3 级	GCEA/AS Levels 普通教育证书 A 级		职业教育证书 VCE	高级补充 VCE AS	
2 级	GCSEs A*－C 普通中等教育证书		GNVQ 中级		NVQ 2 级
1 级	GCSEs D－F 普通中等教育证书		GNVQ 初级		NVQ 1 级
1—5 级	核心技能证书				

2004 年，英国政府为了响应欧洲资格框架（EQF）政策，促进国家资格框架（NQF）与高等教育资格框架（FHEQ）对接，将国家资格框架（NQF）由 5 级延伸至 8 级，使职业资格与教育资格更为融合。2006 年，撤销了 GNVQ 初级与中级证书，取而代之的是职业课程普通教育证书（GCSEs），体现了将初级和中级国家职业资格证书课程纳入全日制职业学校或学院课程中的取向。

表 4-3　英国国家资格框架（NQF）（2006 年）

证书水平	学历证书 Academic		普通国家职业资格证书 GNVQs		国家职业资格证书 NVQs
5 级	高等教育	学士学位	无		NVQ 5 级
4 级	高等教育	文凭（副学士）	无		NVQ 4 级
3 级	GCEA/AS Levels 普通教育证书 A 级		职业教育证书 VCE	双重授予 VCE Double Award	NVQ 3 级
3 级	GCEA/AS Levels 普通教育证书 A 级		职业教育证书 VCE	高级 VCE A Level	
3 级	GCEA/AS Levels 普通教育证书 A 级		职业教育证书 VCE	高级补充 VCE AS	

续表

证书水平	学历证书 Academic	普通国家职业资格证书 GNVQs	国家职业资格证书 NVQs
2级	GCSEs A*—C 普通中等教育证书	职业课程普通教育证书 GCSEs	NVQ 2级
1级	GCSEs D—F 普通中等教育证书		NVQ 1级
1—5级	核心技能证书		

（四）创新阶段（2011至今）

1. 资格与学分框架（QCF）

虽然英国国家资格框架在不断调整与变化，但仍然存在许多如证书名目繁多、内容重复、效率低下等问题。对于国家资格框架的改革势在必行，新的职业资格框架呼之欲出。英国政府在2008年8月公布了全新的国家资格改革框架——资格与学分框架（QCF），及其规范与操作方法，并于2011年1月将其确定为英国唯一的国家资格认可框架，构建了职业教育体系的三大平台（详见图4-1），形成了基于资格分级的开放性国家体系。[①]

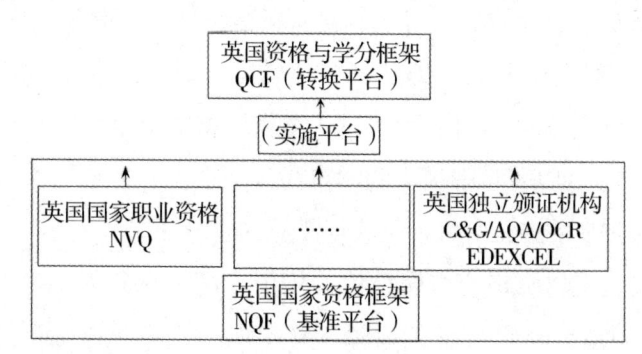

图4-1 英国职业教育体系三大平台

QCF的主体结构是一个由学习量（横向）和难度（纵向）构成的二维结构（详见表4-4），包含九级三类和27个模块。要充分理解QCF的

---

① 白玲. 从QCF到RQF：英国资格框架改革的新取向及其启示[J]. 外国教育研究，2016（11）：31—36.

结构，就必须理解学分、级别、学习量、学习单元和资格五个要素。

学分是主体结构中衡量横向学习量的最小单位，一个学分代表不分时间、地点、方式，学习某一单元的内容并达到评估标准的 10 小时国家学习时间。

级别是主体结构中衡量纵向难度的单位。QCF 采用 9 级制，包含入门级到 8 级且难度逐级提升。使用"摘要""知识和理解""应用和行动"以及"自主性与问责性"四个一般性指标对难度进行详细描述。

学习量是 QCF 的新概念，是横向结构的重要衡量依据。根据学习量的多少，每个级别被分成证明（Award）、证书（Certificate）、文凭（Diploma）三个类别。

学习单元是 QCF 中最小的学习和认证单位，完成了某个单元的学习且达到相应的评估标准后，可获得相应的学分。

资格是学生各个单元所获的学分通过累计和组合，达到一定要求后置换而来。以每个资格规定的"组合规则"和所需的学习单元为基础。

QCF 包括认证、证书、文凭三种资格，每种资格的获取要求取得相应的学分，1—12 学分的学习获得认证资格，13—36 学分的学习获得证书资格，37 及以上学分的学习获得文凭资格，且 1 个学分代表着 10 个小时的国家学习时间学分量，即认证资格需要 10—120 小时的学习量、证书资格需要 130—360 小时的学习量、文凭资格需要 370 及以上小时的学习量。学习单元是 QCF 中最小的学习和认证单位，完成了某个单元的学习且达到相应的评估标准后，可获得相应的学分。①

QCF 改变了以资格为交换单位的传统，代以学分为交换基础，并通过不同的学习量确认学习者的成果。将知识和技能模块化，打破了学科条块，建立起了一个共享机制，使得学分可以在颁证机构之间相互认可和转换，并实现学分积累及量化晋级，进一步促进了职、普教育的相互贯通。

---

① 李德富，廖益. 英德澳国家职业资格标准框架及其启示［J］. 广东社会科学，2017（4）：214—220.

表 4-4 资格与学分框架（QCF）主体结构

级别 （难度）	学习量		
	认证（1—12 学分）	证书（13—36 学分）	文凭（37 学分及以上）
八级	八级证明	八级证书	八级文凭
七级	七级证明	七级证书	七级文凭
六级	六级证明	六级证书	六级文凭
五级	五级证明	五级证书	五级文凭
四级	四级证明	四级证书	四级文凭
三级	三级证明	三级证书	三级文凭
二级	二级证明	二级证书	二级文凭
一级	一级证明	一级证书	一级文凭
入门级	入门级证明	入门级证书	入门级文凭

2. 规范资格框架（RQF）

但 QCF 并非完美无缺，实施四年之后，一直困扰职业资格证书的职业教育和普通教育无法等值的问题并未得到解决，还出现了 QCF 涵盖的资格证书数量过多、质量下滑等问题。可以提供 QCF 资格的颁证机构越来越多，职业资格证书发放"泛滥"问题越来越严重，证书质量难以保障。2014 年，英国政府宣布取消 QCF 的有关规则，2015 年推行规范资格框架（RQF）。政府集中授权给 Ofqual，让其全权负责各类资格证书规范运行并进行监督。与 QCF 相比，RQF 在运行管理方面进行了重大改革，RQF 的运行过程受到了 Ofqual 的监督。规范资格框架（RQF）覆盖了英格兰现存的所有普通证书和职业资格证书以及北爱尔兰的所有职业资格证书，并为所有资格的编录提供了唯一的、简洁的体系。这个体系就像是一个"书柜"，把资格标记为纵坐标的"等级"，包括入门级到 8 级，横坐标的"大小"，即学习量，每个资格证书都具有不同于其他资格的、独属于自身的坐标，从左下角到右上角要求不断提升，人们可以了解到现有等级的条件以及各等级间的相互关系。如图 4-2 所示。

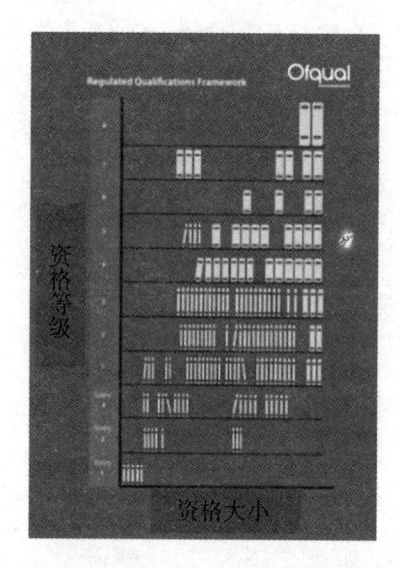

图 4-2 规范资格框架（RQF）

RQF 的 1+8 等级模式提出了包括知识理解与技能在内的等级描述，以中立客观的立场标明了某个等级的资格持有者应该知道什么与能够做到什么，解释了不同等级间的差异，规定了普通教育以及职业教育在内的所有资格，[①] 如表 4-5。

表 4-5 规范资格框架（RQF）6 级资格描述

等级	知识描述	技能描述
6 级	具备先进的实践经验、概念或技术知识，对工作领域完全了解，在相互作用的因素下创造想法； 理解不同的知识、观点及流派和支撑他们的理论； 批判性分析、解释和评估复杂的信息、概念与想法。	确定、改进、调整和使用恰当方法与先进的实践技能以解决相互作用的问题； 使用并在恰当情况下设计相关的研究，为实践行动提供信息评估行动、方法及其影响。

---

① 谷晓洁，李延平. 英国职业资格框架制度改革的价值选择与本质回归[J]. 职业技术教育，2018（36）：72—79.

二、英国职业资格证书制度对我国的启示

世界上已有不少国家建立了资历框架和学分银行制度，仅欧洲就有近30个国家实现了国家资历框架之间的顺利衔接和互认，英国更是最早建立并不断完善国家资历框架的国家，通过对英国资历框架发展历程的梳理与解析，对我国职业资格证书制度的完善主要有以下几方面借鉴作用。

（一）建立国家资历框架，加强横纵融通

国家资历框架的本质是一种贯通学历教育与非学历教育、保障学习者多元化学习成果认证的标准化评价制度，其目的是通过有效衔接教育系统与劳动力市场，推动终身教育的发展。① 英国早在19世纪末就建立了国家资格认证框架，从NQF到QCF再到RQF，国家资格认证框架不断完善，QCF初步实现了高等教育的各种证书和职业资格证书的全纳和融通，RQF优化了资格框架的内部管理，连接了高等教育证书和各种职业资格证书，使职普真正实现等值等价。反观我国，尚未建立国家资格认证框架，各级学历证书和职业资格证书之间不能融通与等值交换，职业资格证书和学历证书分属两类不同的独立系统，职业资格证书被当作学历证书的补充。技能社会的建设、崇尚技能的社会氛围的真正形成，让无法获得高等教育学历证书的学生获得上升发展通道，使提升职业资格证书的价值势在必行，学历证书和职业资格证书间实现融通愈加紧迫。借鉴英国的做法，建立横向融会、纵向贯通、灵活流动的国家资格认证框架是我国职业资格证书制度建设的基础与前提，建立围绕学习成果认证的资历框架体系，协调发展学历教育和非学历教育，将非正式教育和培训获取的资历证书纳入体系，赋予不同学习成果间认可转换的权利，打通职业教育和普通教育之间的壁垒，肯定合法性非正式学习的教育价

---

① 朱亚娟. 英国职业教育资格证书制度对我国的启示[J]. 成人教育，2021（4）：88—93.

值是完善职业证书资格制度的当务之急。

（二）建立统一的协调部门，保障证书质量

完善的配套组织是制度有效运行的保障，国家资历框架的顺畅运行也需要完善的配套组织来保障。英国国家资格框架从 QCF 到 RQF，管理上的完善是重要的方面，成立 Ofqual 这一专门机构，在资格框架运行中发挥了重要作用。一方面，Ofqual 对 QCF 的运行进行了全面的评估，并将其取消；另一方面，向全国民众广泛征集对 RQF 的意见，后宣布启用。Ofqual 全权负责各类资格证书规范运行并进行监督，包括负责审核办证机构的资质、对颁证机构和教学机构工作进行监督和指导等。Ofqual 使国家资格框架顺畅运行，保障了证书质量。反观我国，虽然对职业资格证书的管理越来越重视，短期内取消了 300 多种职业资格证书，但证书的管理一直缺乏统一的部门，既有教育部门管理的职业技能等级证书，也有人力资源与社会保障部管理的职业资格证书，职业资格证书的标准制定、考核、颁发、管理等也不够规范，建立权威的国家资历框架实施监管机构，规范资格证书的获取与学分转换机制等非常必要。同时，要完善资历框架制度配套机构，如资源开发机构、学分银行平台、成果考核认定机构、成果评价监管机构等，保障国家资历框架的顺利实施及学习成果的高效率转换。

（三）开发在线认证系统，方便资格管理

为方便学分的认可与互换，更好地实现学分积累及量化晋级，英国 QCF 开发了在线认证系统。RQF 保留了原有的在线系统，并在原有的基础上进一步加强所有颁证机构的管理。所有的颁证机构，不论是专业类、综合类、体育类、艺术类还是独立自治的大学颁授机构，所有的证书都要进入 RQF 的在线管理系统，接受 Ofqual 的规范、调整和管控。此举不仅加强了对证书的管理，也促进了各颁证机构之间的交流和合作。反观我国，虽然许多证书已实现网络查询、认证功能，但各类证书各自为政，多种网站并存，缺乏统一的在线认证系统，导致难以对所有证书实行统一管理与监控，证书质量难以保障。统一在线认证系统的开发，能够实

现对所有证书的高效快捷管理，方便学分的累计与转换，加速国家资历框架的建设。

第二节 德国职业资格证书制度

德国职业资格证书制度的相关思想源远流长，最早起源于中世纪的学生制，并经过几个世纪的发展，不断完善。"双元"制是德国职业资格证书制度的教育模式和实现方式，实现了德国职业教育学历证书与职业资格证书的紧密联系。

一、德国职业资格证书制度的发展概况

（一）德国职业资格证书的种类

德国没有对职业资格证书进行整体性和综合性的分类，不同级别的职业资格证书分类系统相互独立。[①] 参照不同的分类依据，德国职业资格证书可以划分为以下几类。

1. 发证机构的划分标准

根据证书颁发机构的不同，分为职业培训结业考试证书、培训合格证书和毕业证书三类。第一类，职业培训结业考试证书由各行业协会颁发，是对通过结业考试者的一种证明。依据职业的不同，又细分为技术工人证书、商业助理证书、助理人员证书等。[②] 2015 年，德国新《职业教育法》和《高等教育公约》规定，获得职业培训结业考试证书但没有大学入学资格的人员，可由此获得进入学科大学的入学机会。同时，职

---

① 张雪红. 德国职业资格证书分类系统对我国资格证书建设的启示[J]. 世界职业技术教育，2004（5）：16—19.

② 陈爽，冀国峰. 欧亚五国职业资格证书制度及对我们的启示[J]. 职业技术教育，2001（24）：56—61.

业培训结业考试证书被联邦工商联合会所认可，被视为进入就业市场的敲门砖，证书持有者享有国内外就业资格。[①] 第二类，培训合格证书，由合作企业颁发，学生接受企业培训后，获得合作企业开出的一种"实习证明"，涵盖培训方式、期限、培养目标及知识、技能等方面的说明。第三类，毕业证书，由职业学校颁发，主要描述学生在校期间的表现。三类证书既互相独立又互相补充，各不受另一方的影响，独自说明本身所证明的问题。三类证书的综合，能够使企业获得关于学生的较为客观和准确的信息，最大限度地降低了由于错误评分和偏见对学生未来造成的不良影响。三种证书相互联系组成德国职业培训中的"证书体系"。

2. 证书功用的划分标准

凡通过技能鉴定者可获得由主管部门如手工业行会或工商行业协会等颁发的证书。根据证书的功能，分为学生证书与师傅证书两种。凡通过学生结业考试者，可获得学生证书，学生证书虽非求职必要，但却具有"锦上添花"的功能，雇主常常以证书作为议薪和核定职位高低的依据。凡通过各行业协会组织的师傅职业资格考试者，可获得师傅证书，并通过证书上的成绩等级反映出师傅的教育教学、经营管理、专业知识与技能水平。师傅证书不仅是一张修业证明，还是一种工作品质的保证。德国明确规定，持有师傅证书的人可以任职企业的培训教师或自行独立经营企业，成为德国"双元制"教学任务的主要承担者。

3. 身份获得的划分标准

"双元制"模式下的学生在毕业时可获得三类证书：技能工证书、满师证书、考试证书。技能工证书是通过结业考试后由工商业联合会颁发的国家认可的工业的教育职业的合格证书，是进入专科学校或获取师傅资格的前提和条件。（徒工的）满师证书是手工业职业的培训结业证书。考试证书是通过结业考试后工商业联合会颁发的教育职业证书。

---

① SGemeinsame Wissenschaftskonferenz. Aufstieg durch Bildung Die Qualifizierungsinitiative für Deutschland Bericht zur Umsetzung 2015 [EB/OL]. [2020－05－05]. http://www.bmbf.de/pub/beschluss_bildungsgipfel_dresen.pdf.

（二）德国职业资格证书的管理

1. 认证主体

在德国，企业是职业教育办学的主导，行业协会是职业资格认证的主体。其职责主要有：组建职教机构、制定规章制度、审核企业培训师或师傅的培训资格、审查培训合同、确定培训时间、组织技能考试和签发资格证书、仲裁矛盾、监督、咨询等。可见，在德国，行业协会具有一定的政府职能，全程参与了学生获得职业资格证书的过程，在职业资格认定制度中发挥着核心作用。[①]

2. 证书的考核

学生参加国家统一组织的考试，统一内容、命题、时间、阅卷和发证。教考分离，职业培训与考试相独立，第三方考试机制，学校与培训企业无直接关系的行业协会共同承担证书的考核。行业协会组织考试委员会开展结业考试，成立包括雇主、雇主代表、职业学校教师等的行业委员会。行业协会制定考试条例，经州最高管理局核准，遵照《培训条例》制定考试内容，采用"操作功能导向"和"职业能力导向"两种考试模式。"操作功能导向"注重学生实践操作技能的考核，分为实践操作和理论知识考核。"职业能力导向"考试模式以培养职业能力为目标，注重评价过程。考生分数由高到低分为 1 到 6 级，并作为判断考试最终是否通过的依据。[②]

3. 证书的颁发

考试分为两部分，参加完第一部分，会得到一张标注了考试分数的成绩单，并且成绩单被寄到教育企业和学校；参加完第二部分，考生会收到考试委员会是否通过的通知和证明，但没有具体成绩。该证明关系到考生是否能得到职业资格证书。如果通过考试，考生会得到行会签发的职业资格证书。德国职业资格证书的颁发仪式非常隆重，职业资格证

[①] 许冰冰. 德国职业资格证书制度研究 [D]. 天津：天津大学，2010：34－38.

[②] 王垚芝，卢德生. 德国职业资格证书制度及对1＋X证书制度的启示 [J]. 当代职业教育，2020（5）：105－112.

书在社会中得到高度认可。职业资格证书不仅是从业技能的证明,更是与工作和劳动报酬直接相关,实现了技能与工资的真正挂钩。

(三)德国资历框架体系

目前,德国实行的资历框架(Deutscher Qualifikationsrahmen fuer lebenslanges Lernen,DQR)是一种跨教育领域的资历框架,将各级各类资格都纳入统一框架平台。资格等级和资格类型是整个资历框架的核心,在框架中,资格等级标准称为"等级描述符"(Niveauindikator),资格类型标准称为"类型描述符"(Deskriptor),"等级描述符"更具基准性,是"类型描述符"制定的依据。

1. 资格等级及等级描述

资格等级是不同资格类型划分的水平等级,等级描述符是跨多个教育领域基准性的参考点,在资历框架中至关重要,不仅定义和描述了框架中各个资格等级的等级标准要求,而且限定了隶属于某一资格等级的资格类型标准的学习成果描述。DQR对接欧洲资历框架,将国内正规、非正规与非正式资格共划分为8个等级。各等级有一个总括的等级要求,总要求又分为专业能力和个人能力,专业能力又细分为知识与技能两方面,个人能力又细分为社会能力与独立能力两个维度。专业能力等级划分中不单是强调知识的广度与深度,还强调持有该资格者所掌握的技能,而技能不仅包括要领与方式的产生、运用和发展,还包括对学习成果和工作质量的评估与判定。社会能力主要指团队协作能力、领导组织能力及社会沟通能力;独立能力主要包括自主能力、学习与自我反思能力以及自我责任感。详见表4-6。

表4-6 德国资历框架等级描述符结构

等级要求:整体上呈现了在学术专业或职业活动领域中某个学习领域或工作领域的要求	
专业能力 专业能力包括知识和技能,是独立地、符合专业地、方法引领地处理任务与问题和评价结果的才能和倾向	个人能力 个人能力包括社会能力和自主性,是自我继续发展,独立和负责任地在社会、文化和职业的情境中设计个人生活的才能和倾向

续表

知识	技能	社会	自主性
在某一学习领域或工作领域作为学习和理解结果的事实、原则、理论和实践的整体	为了实施任务和解决问题而运用知识和技术诀窍的能力。与EQF一样，技能描述了认知技能（逻辑的、直观的和创新的）和实践技能（灵巧性，方法、材料、工具的运用）	与其他人目标导向地共同工作，把握兴趣和胜任社会情境，与他们合理和负责任地交流，共同设计工作世界和生活世界	独立和负责任地行动，反思个人和他人行动，继续发展个人行动能力的才能和倾向
细分为子类：			
深度 广度	工具技能 系统技能 评价能力	团队合作能力或领导能力 共同设计能力 交流能力	自主性或责任感 反思能力 学习能力

2. 资格类型及类型描述

德国资历框架体系覆盖了基础教育领域、职业教育与培训领域和高等教育领域。基础教育领域资格类型涉及初中、中学、高校入学资格，覆盖第二至第四资格等级；职业教育与培训领域，涉及正规和非正规教育领域的资格类型，覆盖第一至第七资格等级；高等教育领域资格类型与高校学位资格框架（HQR）相对应，涉及学士、硕士和博士（或同等学力）资格类型，覆盖第六至第八资格等级。资格类型规范进一步具体描述每一资格等级的标准与要求，详尽列出了与该资格等级和资格类型对应的资格列表，详见表4-7。[①] 但在德国资历框架中，职教领域资格类型的归入及规范是资历框架建设以来的重点和难点，职教领域的毕业证书与普教领域的毕业证书之间等值关系的建立也是资历框架工作的核心任务。

---

① 谢莉花，余小娟. 德国资历框架内容体系的特点及启示[J]. 中国远程教育，2020（9）：8—15.

表 4-7 德国国家资历框架（2019 年）

资格等级	资格类型		高等教育领域
	基础教育领域	职业教育与培训领域	
1		职业准备教育（BvB，BVB-Rehab；BVJ）	
2	主体中学毕业证书（HSA）	• 全日制职业学校（职业基础教育） • 职业准备教育（BvB，BVB-Rehab；BVJ；EQ）	
3	中学毕业证书（MSA）	• 全日制职业学校（中学毕业证书） • 双元制职业教育（2 年制）	
4	• 一般高校入学资格（AHR） • 专业限制的高校入学资格（FgbHR） • 应用科学大学入学资格（FHR）	• 双元制职业教育（3—3.5 年制） • 全日制职业学校（州法律规定的职业教育） • 全日制职业学校（针对健康事业和老年护理职业的联邦法定培训规定） • 全日制职业学校（依据职业教育法/手工业条例的完整资格的职业教育）	
5		• IT 专长者（通过认证的） • 服务型技术员（通过考试的） • 依据职业教育法/手工业条例的其他职业进修资格（第五等级）	
6		• 专科学校（州法律规定的继续教育） • 师傅 • 商务专家（通过考试的） • 商业管理人（通过考试的） • 职业培训和继续教育者（通过考试的） • 操作型专长者（IT 领域）（通过考试的） • 依据职业教育法/手工业条例的其他职业进修资格（第六等级） • 依据职业教育法第 54 条的职业进修资格（第六等级）	学士和同等学力

续表

资格等级	资格类型		
	基础教育领域	职业教育与培训领域	高等教育领域
7		• 依据职业教育法的企业管理人员（通过考试的） • 依据手工业条例的企业管理人员（通过考试的） • 技术型企业管理人员（通过考试的） • 策略型专长者（IT领域）（通过考试的） • 职业教育者（通过考试的）	硕士和同等学力
8			博士和同等艺术类毕业证书

二、德国职业资格证书制度对我国的启示

（一）健全法律法规，明确主体分工

德国完备的法律法规促进了职业资格证书制度的高效执行，我国应在《中华人民共和国劳动法》与《中华人民共和国职业教育法》的基础上，建立健全职业资格证书制度的法律法规体系。成立专门负责职业教育培训管理的政府部门，根据社会与市场需求，不断修改完善《中华人民共和国职业教育法》，特别是企业参与职业教育办学的政策支持，如保障"教育企业"主体地位的政策，行业企业参与教育培训的激励政策等。同时，出台引导、激发职业培训市场活力的政策，制定严格的准入标准，规范培训市场，加强培训市场管理。此外，还应完善证书开发、动态调整机制、组织遴选办法、培训组织的监督、培训质量的监管等。逐步建立国家、地方、部门相贯通的职业资格证书制度法律法规体系。与此同时，职业资格证书需要政府、企业、行业、职业学校、培训评价组织等多主体的共同参与，应明确各主体的职责与权力，不同主体各司其职。

（二）标准设计应职业化、专业化、社会化和国际化

德国国家资历框架包括资格等级与等级描述、资格类型与类型规范等内容，是一个综合且全面的体系。德国国家资历框架打破了学历资格与职业资格相互独立的局面，融通了各级各类教育，强化了不同类型教育证书的等值，搭建了各类教育资格认证中学习成果衔接、兑换与对接的"立交桥"，提高了德国职业教育和职业培训的社会影响力，缩短了职业教育培训与普通教育、高等教育间的界限。国家资历框架是一种跨部门、跨领域的顶层设计制度，职业资格标准体系是实现等值的基础，以能力为导向是其基本依据。因此，职业资格的标准建立在职业分类之上，以学习成果为导向，以通用职业能力标准（而不是企业特定岗位标准或职称）为核心。借鉴德国经验，结合我国国情，我们认为应从知识技能、能力素质和情感价值观等方面入手，修改完善国家职业标准内容结构和技术规范，使得每一等级标准能体现不同职业发展阶段对劳动者知识技能、能力素质和情感价值观等维度的不同要求，突出职业化、专业化、社会化和国际化，增强职业资格的国际可比性和等效性，为资格的国际互认、人才的国际流动提供基础标准保障。

（三）健全职业资格质量监督机制

德国严格的质量管理与控制体系保证了职业资格制度的健康运行。300多个具体职业标准有效保证了职业教育的培养质量，完备的培训章程让培训企业和学校的人才培养有章可循。灵活多样的考试方式能反映学生多方面的能力和素质，专门管理机构行业协会的成立保障了国家职业资格证书的质量，提高了职业资格证书的社会认可度。目前，我国职业资格的质量监督职能还比较缺位，在资格设置方面，尚缺乏评估判定标准；在过程管理方面，随着政府职能转变和行政审批制度改革，一些资格逐步委托协会、学会等社会组织承接，但如何认定谁能承担这项工作尚没有标准；在事后管理方面，资格证书的质量保障体系不健全，资格证书管理与相关制度配套、衔接不够。因此，亟须建立健全国家职业资格证书质量监测评估标准体系和第三方评估机制。加强职业资格证书与

继续教育、专业学位教育、会员管理和职业诚信体系建设等制度的关联复合。完善职业资格信息服务体系，打破部门信息壁垒，以学习成果为导向，搭建职业资格证书与学历（文凭）、技能等级鉴定证书、继续教育证书和职业培训证书等学分积累、认证、转换数据平台。改变政府主导国家职业资格证书工作的单一治理模式，实施归口管理和共同治理。①

---

① 谢晶. 国际视野下国家资历框架对我国职业资格制度改革的启示借鉴［J］. 中国行政管理，2018（8）：150－155.

第五章　职业教育"1+X"证书制度的优化路径

"1+X"证书制度是新时代我国职业教育的一项重大改革举措与制度设计，涉及教育行政部门、职业院校、学生（学习者）、行业企业、评价组织等多方，涉及职业技能等级证书标准制定、教材建设、教学资源开发、教学组织与实施、培训考核与认证、证书效用评价等多方面内容。如何顺利推进该项工作，让行政部门积极支持、行业企业充分认可、职业院校大力实施、学生乐意参与等，需要多方共同努力。

第一节　制度的完善

一、明确职责划分，深化跨界合作关系

"1+X"证书制度的设计为人才供给、需求及证书开发主体的开放合作搭建了桥梁，但如何增强主体间的"黏合力"，仍需在实践中逐步探索。"1+X"证书制度涉及政府、教育行政部门、职业院校、培训评价组织、行业企业等多个利益属性不一的跨界主体，宏观层面的统筹是关键，多主体协同作战切忌职责不清，因而"1+X"证书制度的实施首先要从制度上进行职责的划分，要明确责权和利益分配，既维护教育的公益性

又充分调动市场主体参与的积极性。国务院教育行政部门负责规划和宏观指导,国务院市场监督管理部门负责协调标准化建设,省级教育行政部门负责指导区域试点工作,试点院校和培训评价组织是制度落实的主体。同时,要建立地方性的沟通协调机制,确保各主体间的信息交流和功能对接,以具体的关切、诉求和任务项目的交互,形成一个个的"黏合点",最终构成"黏合面"。这不仅是"1+X"证书制度深入实施的助力,也是形成横跨学校、社会、产业的大职教体系的重要积淀。

职业技能等级标准的建立既要切合行业企业技术发展和生产实际,又要聚焦学校职业教育的问题和需求,职业技能等级证书的开发和建设也离不开院校、行业企业等多方参与。行业组织基于信息化优势提供的咨询建议,院校基于教育教学层面提出的需求建议都是不可或缺的重要参照。培训评价组织的建设仍处于起步阶段,可考虑引入具有行业话语权的龙头企业作为辅助主体,参与证书制定与后续更新。在实施培训过程中,沟通可以化解由属性差异带来的矛盾冲突,培训评价组织和院校有必要在启动之初就加强联动,增加相互间利益的考量,减少因对利益的执着和误判而产生的不必要的博弈行为,在逐步探索中达成共识。事实上,合作关系深化的意义不止于合力的加成,还在于相互间供需牵制关系的紧密化,包括院校与企业的人才供需关系、培训评价组织与院校的证书供需关系等。若能保证供需链任一端点健康发展,一定程度上也就切断了市场操作行为的"市场源头"。

二、完善成本分担机制,提升参与积极性

培训评价组织开发职业技能等级标准、开发教学资源、组织证书考核、维系机构运营及管理机构等都需要成本,需要通过获得的利益来保障自身的发展。培训评价组织为新生事物,促进培训评价组织发展,调动其参与的热情与动力,应完善扶助、激励措施。在坚持公益性原则要求下,如何确保培训评价组织参与的积极性,财政政策是关键。国家层

面，中央财政建立奖补机制，通过为地方政府设置"1+X"证书制度试点项目专项转移支付资金、税收返还和财力性转移支付的形式，对"1+X"证书制度试点予以奖补，支持试点工作开展。尽快出台职业及等级标准开发、考核站点建设、证书培训考核收费等操作指南与标准，完善培训评价组织工作程序，健全约束机制和淘汰标准，通过一系列"激励+实施+约束"机制，使培训评价组织有法可依、有章可循，规范管理，为其职能行使、效益发挥提供制度保障。教师是培训评价组织证书与标准开发、培训的主体，教育行政部门应制定激励教师参与试点工作的政策，对参与制度实施的教师实行分级管理，出台工作量认定与转换标准，给予支持政策。省级层面，地方政府将院校组织开展的职业技能等级证书培训、考核工作及相关费用作为正常教育教学支出列入学校预算，从财税机制和经费上保障试点工作的顺利实施。

完善成本分担机制。一是对培训评价组织依托的企业给予适当的税收减免和财政优惠，秉持"扶优、扶大、扶强"的原则，对面向现代农业、先进制造业、战略性新兴产业等领域开展职业技能等级证书考核的培训评价组织进行政策扶持，通过政府购买方式采购证书标准与教学资源等，培育培训评价组织。实施对于经济困难的学生和社会人群考取职业技能等级证书的补贴政策。二是加强对"1+X"证书制度试点经费使用的管理，在设置职业技能等级证书考核成本上限的基础上细化收费标准，指导培训评价组织合法、合规、合理收费，补偿证书开发成本。三是对院校而言，培训评价组织参与职业教育一方面能够提升教师的水平与素质，带来了学生对新技术、新要求的掌握，提升了学生学习效果；另一方面职业技能等级证书的一些内容置换了院校培养的部分课程内容，"1+X"证书制度试点支出是院校正常教育教学支出，培训评价组织可以通过学费及院校购买获得部分补偿。[①] 四是通过吸引社会资本参与，扩大"1+X"证书制度参与主体，分担培训评价组织成本。

---

① 郭建如，杨钋，田志磊. 职教X证书制度的财政支持政策探析[J]. 职业技术教育，2020（27）：7—12.

三、推进国家资历框架建设，畅通发展通道

国家资历框架是指根据知识、技能和能力要求，将各级各类学习成果进行整理、编制、规范和认可而构建的连续性、结构化的资历体系。[①] 各级各类学习成果包括教育文凭、职业资格证书、各类培训证书等。国家资历框架为学历证书、职业证书的融通和衔接提供了制度基础，推动了行业企业参与职业教育，打通了技术技能人才成长通道，其对培训和自学中获得的技能给予认证认可，实现了各类资历的互认，能有效扭转"重知识、轻能力"的社会风气，提升职业教育及职业培训的社会认可度，有利于营造培训评价组织良好的社会成长环境，对促进其发展有深远意义。

"1+X"证书制度是国家资历框架建设的基础性工作，职业技能等级证书社会认可度的形成关键在于其与学历证书的等值。[②] 实施"1+X"证书制度，首先需要建立一套完善的职业技能等级证书体系。职业技能等级证书体系不是对原有职业教育证书制度的否定，也不是重新设计一套人才评价系统，它是在现有基础上对职业证书制度的发展与完善，倒逼职业教育教学及培训模式改革。一是要基于利益相关者建设与完善职业技能等级证书体系。社会评价组织负责标准开发、教材和学习资源开发、考核颁证等，既是运动员又是裁判员，容易造成"利益寻租"和"搭便车行为"，损害职业技能等级证书的权威性，降低职业院校、行业企业政策实施的积极性。行业企业是职业技能等级证书的"检验方"，职业院校是职业技能等级证书教育培训的"实施者"，学生是职业技能等级证书的"需求者"，行业企业满意、职业院校认可、学生需要应是职业技

---

① 王扬南. 建立国家资历框架 加快推进现代职业教育体系建设[EB/OL]. http://www.moe.gov.cn/jyb_xwfb/xw_zt/moe_357/jyzt_2019n/2019_zt11/zjjd/201905/t20190508_381178.html.

② 肖凤翔，杨顺光. 国家资历框架的基本立意与中国构想[J]. 中国职业技术教育，2019（19）：38—43+68.

能等级证书体系构建的原则。二是要加强国家职业标准体系建设，使学习者在职业院校学习过程中同时习得职业技能等级证书考核要求的知识与技能。职业标准是职业院校人才培养和课程开发的依据，同时也是职业技能等级证书开发的依据，还是行业企业的职业能力要求。职业技能等级证书开发应参照职业标准，反映职业核心技能，重在培养学生普遍性、可迁移性、实用性的职业能力，为学习者提供宽泛的职业准备。要发挥培训评价组织、行业企业作用，加快职业技能等级标准的开发，形成统一的内容要求与标准体系，梳理细化职业技能等级证书应包含的学习单元或模块。三是推进"学分银行"建设，依据学习单元或模块，制定职业技能等级证书与学历证书间的转换规则及程序，实现不同学习成果间的学分认证、积累和转换，实现资历的多途径获取与多种教育类型间的沟通融合，促进学历证书和职业技能等级证书的衔接互通，畅通技术技能人才持续成长的通道。此外，加强信息化平台建设，个人获取的职业技能等级证书全部纳入信息系统，与"学分银行"个人账户对接，直接进行学分换算与记录，同时信息平台提供政策信息、公开查询、过程监督等服务，职业技能等级证书所有信息实现透明化与公开化，为其社会认可度的提升提供信息化支撑。

四、加强政府监管，提升过程的公平性

"1+X"证书制度背景下职业教育的开放程度进一步提高，但不代表教育行政撒手，完全由院校、社会力量和市场机制自主运行。市场化的机制推进职业教育"1+X"证书制度的实施是一种创新，能够更好地促进企业参与职业教育，但是完全依靠市场机制是不可取的，因为这样容易带来不良导向。就职业技能等级证书的监督管理，现阶段的政策文本已明确"定期开展'双随机、一公开'的抽查和监督""对培训评价组织行为和院校培训质量进行监测和评估"。在监控体系之下，院校、学生、家长、行业企业及社会各界都能发挥监督评价作用。政府应该落实"放

管服"要求，在赋予培训评价组织和院校自主权的同时，定位于管理者和服务者的角色，加强宏观指导和监管，把好风向标，保障证书含金量。

一是健全培训评价组织遴选机制，坚持社会化的遴选机制和扶持优势品牌的原则，注重在已有的品牌中对培训评价组织进行遴选与培育，尽量只在培训评价组织缺失的领域进行规划，减少行政干预，筛选出真正代表行业水平的培训评价组织。完善职业技能等级证书开发标准，保障证书标准质量，提升证书标准的代表性。二是加强对证书的监督管理，建立培训评价组织监督机制，吸纳多元评价主体，在教育行政部门和职业教育咨询指导委员会的基础上，将院校、行业组织、企业等纳入对培训评价组织监督的主体。坚持"双随机、一公开"的原则，定期监督、监测培训评价组织的行为。三是完善证书退出机制，依据行业企业需求对培训评价组织实行目录管理，对证书实行退出机制，通过市场筛选，对标准更新不及时、含金量低、社会认可度不高的证书实行淘汰。对考核工作不力，存在高收费、乱收费和违反法律法规且警告后不改的培训评价组织实行强制退出。四是建立证书反馈机制，一方面依据大数据系统和信息化平台，提升职业技能等级证书的数字化水平，实现证书考核全流程的监控，并据此开展数据跟踪与分析，分析证书的实际效果，特别是证书的社会适应度，并及时更新和优化职业技能等级证书。另一方面分析院校人才培养和职业技能等级证书融合的效果，发现不足并及时进行改进。

第二节　书证的融通

"1+X"证书制度的实施在很大程度上是为了让学历教育更好地对接产业与科技的发展、对接一线需求，弥补学历教育的不足，"1"与"X"不是简单的叠加，"1+X"是一个整体，书证融通是"1+X"证书制度的核心内涵。

一、深化人才培养模式改革

"1+X"证书制度实施的成效最终体现在学习者因拥有多项就业本领,从而拓展就业领域比其他人获得更多的就业机会。学习者的就业本领是衡量"1+X"证书制度实际效用的直接证明。职业院校学生通过积极获取多个职业技能等级证书增长就业竞争力,提升创业本领。对于职业院校而言,仅有学生考证投入的意愿而没有职业院校人才培养培训模式的变革探索,尚不足以实现职业教育证书制度的目的。"1+X"证书制度是学历证书和职业技能等级证书的互通衔接,是专业课程内容与职业技能培训内容的有机融合,更是复合型技术技能人才培养培训模式改革的大胆探索与创新。因此,"1+X"证书制度要求职业院校改变过去参照普通教育的办学模式,实行行业、企业和社会各方共同参与,体现鲜明的职业教育特色的类型教育模式。

一是坚持课程标准对接职业标准。深化职业教育课程内容改革,把行业企业的标准、工艺、流程等引入职业教育教学内容。行业企业深度参与职业教育教学,共同开发人才培养方案与课程体系,将职业标准相关能力要求有机融入到课程内容的设计与实施中,科学安排教学组织,提升人才培养的针对性和适应性,促进书证融通,使学生在校期间获得"一专多能"。二是坚持教学过程与生产过程对接。按照知行合一原则和从易到难、从简单到复杂的技术技能人才成长规律,结合行业企业职业岗位任职能力要求,加强实践环节教学,夯实实践教学条件,通过引进行业企业工作经验的能工巧匠,加强"双师型"教师队伍建设,采取分层教学、项目教学、案例教学等,加大实践教学力度,减少理论课时,推动教学过程与生产过程对接,培养具备行业企业所需职业技能的通用型人才。三是坚持学历教育与职业培训相结合。开发既适应职业院校在校学生学习,同时又能满足企业员工等社会学习者需要的职业技能等级标准课程体系与课程模块。一方面，将培训证书内容融入专业人才培养方案和课程体系，供职业院校在校学生学习；另一方面，又能兼顾社会学习者提高技能等级的需要。四是推进学历证书和职业技能等级证书学习成果互认。建立学分银行，推行弹性学制与学分制，加快建设与学分银行相配套的职业院校毕业标准体系，实现职业院校在校学生学历教育与社会学习者职业技能等级证书学习成果院校互认、学分跨校积累与转换，畅通技术技能人才成长成才的通道，为职业院校学生和社会学习者职业生涯发展奠定可持续发展的基础，实现职业教育与终身教育对接。

二、重构课程教学体系

要实现"X"对"1"赋能而不加负，在不弱化学历教育内容的基础上实现课证融合，对于院校而言确实颇有难度。课程开发主体的拓展与合作是解难的关键。可邀请对两个证书体系有充分探究的专家参与课程开发，与培训评价组织、企业等相关主体合作完成课证融合课程教学体系的设计，并及时总结经验、建构范式，最大限度地提高课程改革的整体效率。

在课程内容上，以模块化的形式进行重组。依据职业技能等级标准，分析某一模块的职业技能要求、所涵盖的知识内容及其与传统专业课程内容之间的交集，将其重新组合设计为新模块。以科学合理为前提，随着重组后课程广度的增加，学时分配也会相应增加，因此尤其要注重课程内容的前后衔接与协调性，避免同一课程内及不同课程间教学内容重复或是知识点的无效叠加。在课程安排上，结合学历层次要求等实际情况，对应职业技能等级证书的初、中、高三个级别，形成课程学习要求上与难度上的层次化、阶梯化。将职业技能等级证书的培训内容分阶段融入教学环节中，使课程内容在深度、广度上逐步深入，实现"螺旋式上升"。在课程选择上，以专业群平台为依托，实现课程设置的横向拓展，提供本专业外的证书相关课程选择，为学生多方向、综合性职业能力发展基础的夯实和个性化需求提供支持。

三、深化三教改革

对院校而言，培训评价组织很少直接面向学生开展职业技能等级证书培训，承担学生培训重任的是院校教师，职业技能等级证书给院校教师带来了新的要求，要求教师具备教育教学能力、适应职业技能等级标准要求的职业技能、证书培训能力、课程开发能力、团队创新能力等。基于此，教师要深刻领会职业教育改革要求，不断提升自我。更重要的是，院校要注重教师队伍建设，一方面开展好在职教师培训，注重教师的顶岗实习与实践和一线工作经验。聚焦"1+X"证书制度开展教师全员培训，并将此纳入教师素质提升计划，提升教师教学、培训、考核评价的能力。参照职业技能等级标准与考核要求，建设分层分类的教师专业标准体系，完善教师轮训和成长机制。另一方面要加强兼职教师队伍建设，打造适应产业升级转型的教师创新团队。改变以往教师单打独斗的局面，致力于打造教师创新团队，发挥教师个人专长，提升整体优势，使之成为推进改革的领头羊。此外，要健全激励机制，增加职业技能等级证书考核培训的绩效工资总量，合理确定承担职业技能等级证书培训与考核工作的教师的工作量与薪酬，并适度倾斜，提升教师参与的积极性。改革教师考核评价机制，突出双师导向，对参与培训课程开发的教师在职称认定、年终考核等方面予以一定倾斜。二是开发新型教材，整合职业技能等级证书考核要求和专业教学目标，设计"课证融合"式课程，组织教师、培训评价组织专家、行业企业专家等以职业活动为导向，按照能力进阶顺序和工作逻辑组织教材内容，并以更有利于知识转化、适时更新及推动教学的活页式、工作手册式形式编制教材和开发教学资源。三是改革教学方法，坚持"做中学"的工学结合理念，实现学生为学习者中心的转换，综合运用案例教学法、项目教学法、角色扮演教学法等多种教学方法，丰富教学形式。突出"一体化"教学方法的重要地位，通过典型任务将职业技能等级证书要求和课程标准结合，以具体工作为载体，实现教学目标、内容和空间的一体化。利用"互联网＋"技术，推进虚拟仿真教学、移动学习、实时互动等教学方法的应用。通过院校深度的三教改革，真正实现书证的融通。

第三节　社会认可的提升

职业教育是国民教育体系的重要组成部分，与普通教育相比具有同等重要地位，学历教育和培训并举并重是职业院校的法定职责。然而在实践中，社会民众普遍对职业教育存在偏见，职业教育面临被污名化、边缘化的境地。实施"1＋X"证书制度要帮助人民群众转变职业教育观念，充分认识到职业教育的重要性，增进社会民众对"1＋X"证书制度的认同。

一、重塑人本理念

随着智能化时代的迈进，产业、企业、技术与工作岗位都在不断变化更新，这些外在环境的改变都将使个体在职业生涯中接连遇到新的问题与挑战。由此，职业教育要考虑的必须是一个动态、长时的历程。"1＋X"证书制度是承接时代使命所设计的一项职业教育制度，其目标指向培养能适应职业边界消融这一时代趋势的复合型技术技能人才，制度实施主体将"复合型技术技能人才的培养"这一抽象性的目标转化为"考证、拿证"的具象动作与结果的武断和臆断，源于已被"应时之需"的社会功能与"即插即用"的工具价值所铺满的职业教育底色。重塑理念，寻回人本理性，才能更好地描绘职业教育发展蓝图。

对于院校而言，理念的重塑，一方面，在教育目标上，立足于"人"

的发展与需求,培养"可持续发展的人";在就业问题上,聚焦于"就业本领的拓展"而非"就业的拓展",社会需求与个体价值由此统一,就业导向和终身发展需求的矛盾也将不再是矛盾。另一方面,对"改革"持更加开放的态度,做好"一步一步摸索"的准备,而不是"尽快找到答案"的心态,才能最终找到最合适的答案。而作为市场主体的培训评价组织,既然参与到育人事业中,便要转变观念忠实地履行主体职责,意识到所代表的社会利益已大于自身利益,不能再以营利为唯一目的。面向社会征集培训评价组织时列出各类资质上的要求,"把社会效益放在首位"的认知觉悟作为行动的起点,亦是极为重要的软指标。同时,理念的转变与实践的深入是相互成就、互为因果的,市场主体对于教育的属性与责任将在教育实践和教育主体的交互合作中有融入式理解及更深切的体悟,这也是深化多元利益主体跨界合作关系的隐含价值。

二、坚持质量发展

教育部招募的培训评价组织要求很高,简单来说就是规模大、资金雄厚;经验丰富、实力强;资源凝聚力高、行业影响力大、社会信用度高,这是培训评价组织的既有优势。对于培训评价组织,教育行政部门采取的是"扶优、扶大、扶强"原则,强者越强,获得的资源与优待更多,弱者越弱,直至淘汰。要保持既有优势,做大做强,维持竞争力,就必须走质量发展道路。首先,培训评价组织要有正确的定位,就是始终把社会效益放首位,这是方向性的问题,起主导作用。其次,要深入分析政策要求,透彻把握责任与义务,制定发展规划,开展说明会、培训会等,确保自身员工深入理解制度,明确未来发展方向。再次,敏锐把握行业发展动态,紧跟产业需求,加强与行业组织、龙头企业和院校等的多方联系,深入推进合作关系。致力于高质量专家、师资团队的打造,积极开发拥有自主知识产权的教材等培训资源,强化人才支撑与保障。积极拓展与产教融合型实训基地和产教融合型企业的合作,做强证书培训能力。此外，培训评价组织要深入试点院校，加强与试点院校的沟通交流，协同制定实施性方案，及时发现、解决试点中存在的问题。

三、提升考证意愿

从教育经济学角度来看，只有当职业技能等级证书与学习者就业收入呈正相关时，学习者才会表现出强烈的考证意愿。如果职业技能等级证书不能增加就业机会或并不能提升收入水平，学生家庭或学生个人普遍不愿考证，那么职业技能等级证书就会失去其促进就业的意义。此外，职业技能等级证书的考证金钱和时间成本、证书含金量、企业认可度也会影响学习者的考证意愿。在高等教育扩招和用人学历门槛提升的社会背景下，"最难就业季"屡创新高，大多数职业院校学生进入廉价劳动力市场，在就业市场中处于较为不利地位，前期教育投入不能带来预期收益，将降低学生的考证意愿，并在某种程度上冲击"知识改变命运"的观念。这将成为"1+X"证书制度面临的最大冲击。对于职业院校学生而言，考取多个职业技能等级证书必须付出一定的成本，并承担一定的投资风险，但放弃考证将会降低就业机会。实现"1+X"证书制度，首先要关注学生群体的理性选择，特别是对考证成本与收益的考量，从降低教育成本、增加收益的角度设计"1+X"证书制度。由于考证投入会拉动考证相关产业的发展，产生经济效益和技术效益，为使考证者成为考证投入的最大受益者，需要建立对学生考证的补偿机制，鼓励学生积极考取多种职业技能等级证书。建立健全对学生考证的资助机制，降低学生考证的直接成本，特别是降低考证收费标准。同时加大宣传力度，增强学生对"1+X"证书制度的了解，对考证通过的学生从物质上进行奖励，精神上进行表彰，从而提高学生参与职业技能等级证书培训考证的意愿，鼓励学生在校期间取得多种证书。

四、增强多方信度

首先是要建立权威的第三方培训机构。实施"1+X"证书制度,需考虑证书由谁制定,谁来保证其权威性。因此,在推进试点过程中,要有一个专门负责管理与考核的评估机构,负责对开发与制定"X"证书的机构进行评估、审核,确保第三方机构的权威性和公信力。同时,职业技能等级证书建设的主体培训评价组织,在开发证书及标准、教材和学习资源时,应尊重保障学习者的就业和发展需求、职业院校的人才培养权益、行业企业用人需求等权益诉求,增进社会对"1+X"证书制度的认同。其次是要增进企业的认同。"1+X"证书制度是由第三方机构组织行业内大型企业共同开发的职业技能等级证书体系,体现该行业领域先进的技术、装备、工艺、材料、管理流程等,既具有通用性又具有针对性。由于目前还存在部门条块管理,受利益驱使,有的行业企业之间互不买账,对于相关职业技能等级证书不予认同,导致职业技能等级证书推广难。如中国民航局和各大航空公司对于机务维修岗位只认可 CCAR-147 等相关维修执照证书。再次是要增进学习者的认同。对于学习者而言,提高对"1+X"证书制度的认同感,关键是要体现在就业机会与薪酬待遇上。只要职业技能等级证书成为进入企业就业的"无障碍通道",且保持职业技能等级证书与就业机会、薪酬待遇呈正相关性,学生考证意愿就会自然而然上升。最后是要提高家长和全社会的认同。要加大宣传力度,在家长和全社会中宣传"1+X"证书制度的功用,增强学生及社会人员对"1+X"证书制度的理解,只有让广大家长充分认识到考取多类职业技能等级证书的教育投资回报率,认识到获证对于就业创业的必要性和可持续发展的重要性时,老百姓才会从心底里支持、鼓励学习者积极考证,在全社会形成重视职业技能等级证书培训与考证的良好氛围,"1+X"证书制度才能顺利推进。

第四节 评价的改革

《深化新时代教育评价改革总体方案》(中发〔2020〕19号)开篇提出,"教育评价事关教育发展方向,有什么样的评价指挥棒,就有什么样的办学导向",明确了评价的作用与价值;提出要"健全职业学校评价""扩大行业企业参与评价,引导培养高素质劳动者和技术技能人才",为技能人才评价制度改革提供了方向。《关于改革完善技能人才评价制度的意见》(人社部发〔2019〕90号)提出,要"深化职业资格制度改革,建立职业技能等级制度"。《国家职业教育改革实施方案》(国发〔2019〕4号)提出,要"启动1+X证书制度试点工作,鼓励职业院校学生积极取得多类职业技能等级证书"。职业教育是技能人才培养的摇篮和孵化地,"1+X"证书制度将职业技能等级评价应用于职业教育之中,是对原有职业资格证书制度的突破,实现了我国职业教育技能人才评价制度的创新,但也有需要继续完善之处。

一、自主选择,关照实用与个性兼顾

对于职业技能等级证书外控的、狭窄的选择偏好源于评价的固化,实现评价的转型需要以国家资历框架和学分银行建立完善为支撑。既要实现多种证书与学历之间的对等效果,支持资历获得的多种途径和学习成果的多种来源,促进学生的选择自主和潜能发挥,又要确保同一层次职业技能等级证书的考核难度和社会认可度的对等效果。保证职业技能等级证书社会价值的同时也保证学生的利益,使个体化的兴趣爱好能得到社会的认可。此外,形成性与终结性评价的结合能避免"一考定终身"的武断,实现终身教育理念所倡导的"全面的和无所不在的学习"。目

前,教育部已下发《关于做好职业教育国家学分银行建设相关工作的通知》,全面推进落实学分制改革。要让学分制实至名归,院校需提供多样的课程备选,让学生在完成基础课程的前提下,能够结合自己的兴趣爱好、能力基础和实际情况选择制订学习内容和进度安排。

就目前而言,要满足实用与个性兼顾的选择自主,还需院校从证书引入的论证环节开始就有周全的考虑,将满足学生发展和劳动力市场两大需求作为逻辑主线,综合考虑两个方面情况:考虑院校所服务区域的经济发展需求,综合调研专业(群)的服务对象,分析证书所培训的内容与企业需求的对接程度,选择最能反映本专业技术应用能力水平和特色的职业技能等级证书;分析研判自身的需求与能力,在做好相应宣传和解释工作的基础上充分调研学生的意愿,以此保证职业技能等级证书与劳动力市场的有效对接,以及学生的个性化可持续发展。

二、德技并修,注重综合能力评价

新时代培养德技并修的技术技能人才,已成为职业教育的重要使命与发展方向,这不仅是经济发展从以量取胜转化为以质取胜的要求,也是教育从片面发展到更加注重全面发展的要求,更是社会培育工匠精神制度建设的需要,德技并修精准表征了新时代职业教育理想的人才规格。其首要要义是德技融合,二者是有机整体,德育应该融于技能教育,技能教育应该蕴含德育的元素;其根本涵义是以德为本,德是学生长远发展的底蕴,技是学生发展的显明标志;其应有之义是寓德于技,德育要融入专业教学和具体活动之中。[①] 评价关乎教育发展导向,起着指挥棒的作用,立德树人是教育的根本任务,职业教育是一种教育类型,是教育性和职业性的融合,"1+X"证书制度下职业教育技能人才的评价首要就是坚持德技并修,要注重综合能力的评价。不仅要在学历证书中注重教

---

① 赵蒙成. 以德为本、寓德于技:职业教育德技并修的要义[J]. 职业技术教育,2020(4):1.

育功能的实现和学生可持续发展能力的培养，更应该在职业技能等级证书中注重综合能力的评价，二者的评价不是相互割裂的。综合能力的评价包括职业知识、职业技能、职业素养几方面，但目前职业技能等级评价更侧重的是易于评价的知识与技能，对测评者自我认知、职业定位、个性品质等职业素养的评价比较欠缺，但这些又对技能人才的成长与行为起着至关重要的作用，评价的完整性有待提高。同时，现行对职业技能等级证书的考核大多采取上机考试的形式，评价方式比较单一。为此，职业教育技能人才的评价应以职业活动为载体，结构化地呈现职业技能等级标准，将职业活动进行三级分解，一级为工作领域，对应一个相对完整的项目，二级为工作任务，对应相对普遍的工作环节，三级为职业能力要求，对应具体能力要求。此外，还应采取开放性的现场操作考核，将素养的考核寓于实际职业活动。

三、三方主体，拓宽评价方式

培训评价组织是具有独立法人资格的企业，是独立于政府与职业院校之外的第三方主体。"1＋X"证书制度本质上体现的是校企合作育人，培训评价组织是职业技能等级证书的开发与颁证主体，有与高职教育深入合作的基础，有对行业发展透彻的把握力以及较强的社会公信力，满足了第三方评价组织独立性、专业性、服务性、公正性等特质，能够开展职业教育技能人才评价。但由于我国长期以来职业教育产教融合过程中企业主体作用发挥有限，目前培训评价组织参与积极性方面，教育性企业积极性明显高于生产型企业，[①] 职业教育技能人才评价的变革，还需吸收更多的非教育性企业，调动其参与"1＋X"证书制度实施的积极性。职业技能等级标准是职业教育技能人才评价的重要依据，培训评价组织参与评价，最重要的是完善职业技能等级证书标准及健全评价方式。其

---

① 杜怡萍. 1＋X证书制度实施的要件、挑战及策略［J］. 教育学术月刊，2020（4）：35—41.

次，培训评价组织还可以将评价功能进行扩展，开展专业认证与评价，职业技能等级证书都有与之适用的院校专业和面向明确的岗位（群），培训评价组织对所开发证书的社会需求、企业岗位（群）需求、国家职业标准、职业发展方向乃至国际标准等都有透彻的把握，且在协助院校实施证书培训过程中，培训评价组织对职业院校专业会有比较深入的了解和把握，具有开展专业评价的可能性。同时，由于培训评价组织尚属于职业教育领域的新生事物，制度体系及规范还不健全，实际操作过程中还面临着各种挑战，这就需要发挥政府的监管作用，设立高职教育第三方评价监管机构，对第三方评价机构实施审查和监督。由教育行政部门设立高职教育第三方评价监管机构，制定第三方评价机构准入机制，开展资质认证，特别是要制定出从业人员的资质认可标准，保障第三方评价的权威性，把好"入口关"。开展信用等级评价，建立信用评级指标体系，从专业能力、服务质量、满意度、声誉、财务状况、管理等多方面对第三方评价机构开展信用等级评定，扶强扶优，优胜劣汰，把好"出口关"。

四、互通衔接，匹配同级评价标准

从职业教育育人角度看，"1+X"是一个整体，构成了完整的教育目标，二者作用互补、不可分割。"1+X"证书制度实施的精髓体现在"+"上，学历证书和职业技能等级证书并不是简单的叠加，二者是拓展与补充的关系，通过职业技能等级标准与专业教学标准的对接、培训内容与教学内容的融合、培训过程与教学过程的统筹等实现人才培养模式的变革。而要顺利实现学习成果的相互认定与转化，就必须建立在同级匹配的基础之上，需要职业教育学历等级与职业技能等级依据通用等级标准，如"X"证书的初级匹配中职层次教育、中级匹配高职层次教育、高级匹配应用本科层次教育，这一通用等级标准也就是俗称的"资历框架"。标准是质量的保障，职业教育技能人才评价制度的创新需要标准体系，标准建设是基础和核心。建立具有统领性的通用等级标准，涵盖教育标准和行业能力标准，对各类别学习成果进行分类和明确初、中、高三个等级的划分依据，作为职业教育分层的重要依据，为职业教育技能人才评价提供匹配的通用标准体系；建立职业技能等级标准的开发标准，明确标准开发的最低要求，对不同层次的职业技能等级证书的内容层次进行规范，保持不同层次职业技能等级证书知识、能力和技能等方面的整体性和一致性，提高职业技能等级证书的质量；建立学历证书与职业技能等级证书学分标准，为不同成果的学分认定、存储和转换提供依据。

第六章 "1+X"证书制度下职业教育人才培养模式变革

"1+X"证书制度是新时代我国职业教育的一项重大改革举措与制度设计,旨在通过拓展学习者多项就业本领,从而夯实可持续发展的基础,增加学习者就业机会和缓解社会结构性就业矛盾。基于多种理论视角对"1+X"证书制度形成多维认知,"1+X"证书制度实施不仅能缓解结构性就业矛盾,还能促进职业院校教育教学改革,有利于我国终身教育发展。从政策执行角度看,"1+X"证书制度是国家自上而下推行的技术技能人才评价制度,意在将其作为职业教育从层次教育向类型教育转向的制度支持,推动职业院校开展复合型技术技能人才培养模式的教学改革。基于此,有必要对当下"1+X"证书制度下职业教育人才培养模式现状进行深入反思,探寻人才培养模式的创新方向,并在此基础上探究"1+X"证书制度下职业教育人才培养模式的创新路径。

第一节 "1+X"证书制度下人才培养模式的现实反思

"1+X"证书制度充分体现了职业教育的类型特征和跨界属性,从教育领域看,"1+X"证书制度是一种复合型技术技能人才培养模式;从职业领域看，又是一种促进就业、劳动用人的评价机制。这赋予了职业教育提升人的知识技能和促进就业的双重使命，并且将引领职业教育新一轮的教育教学改革发展方向。一时间，"1+X"证书制度成为职业教育界及社会民众普遍关注的热点议题。诚然，"1+X"证书制度具备有助于驱动职业教育类型教育转向、缓解结构性就业矛盾、服务区域经济发展、提升个体可持续发展能力等诸多价值。但是，认真思考不难发现，"1+X"证书制度安排并非完善，它在理论建构及实践操作以及评价等方面都存在诸多令人质疑的地方。因此，针对"1+X"证书制度的实施，应进行现实反思，冷静思考"1+X"证书制度试点热潮的背后原因，分析"1+X"证书制度下的培养模式，探讨其实施的现实阻力，并以此为依据，思考促进"1+X"证书制度下培养模式改革实施的有效策略。

一、缘何掀起"1+X"证书制度下人才培养模式改革的热潮

自2019年《国家职业教育改革方案》实施以来，职业院校纷纷探索开展"1+X"证书制度试点，掀起了"1+X"证书制度实施的热潮。"1+X"证书制度之所以备受职业教育领域关注，其主要原因在于产业经济高质量发展传递的职业教育诉求、职业教育从层次教育转向类型教育的制度安排、职业院校人才培养模式改革的内在需求几个方面。

（一）产业经济高质量发展传达的职业教育诉求

新时期，我国经济发展正从规模扩张的高速增长阶段转向提质增效的高质量发展阶段，处于转变发展方式、优化产业结构、新旧动能转换的关键期，把发展经济的着力点放在实体经济上，推进新型工业化发展，推动制造业高端化、智能化、绿色化发展，大力发展战略性新兴产业、加快发展数字经济及物联网，构建新的经济增长引擎，不断催生新的产业、职业、工艺、岗位。从区域经济与职业教育之间互动发展关系上看，产业经济的迅速发展必然依赖于科技革新和技术技能积累，势必要求职业教育变革人才培养规格、培养模式及培养内容，从而精准对接经济发

展需求培养多样化、高素质、复合型的技术技能人才,适应引领区域经济发展。随着产业转型升级和结构优化调整加快,新行业产业对高层次、多样化、复合型的技术技能人才的需求越发迫切,职业教育在服务区域经济发展中的地位与作用凸显。《职业教育提质培优行动计划(2020—2023)》要求职业院校"大幅提升新时代职业教育现代化水平和服务能力,为促进经济社会发展和提高国家竞争力提供优质人才资源支撑"。反观当下,虽然职业教育进入快速发展的快车道,为区域经济发展提供了优质的人力资源支撑,但是职业教育产教融合的深度和层次亟待加强、服务经济发展的能力仍亟待提升、人才供给侧与经济发展需求侧错配依然存在、学生的综合素养和可持续发展能力与岗位需求仍有差距等问题依然存在,难以满足产业经济现代化发展的要求,迫切需要职业教育推进教育教学改革以培养高水平复合型的技术技能人才。在此时代背景下,职业院校精准对接产业经济发展需求,确立新的人才培养目标及规格,实施"1+X"证书制度下的人才培养模式改革业已成为教育发展的当务之急。

(二)支撑类型教育转型发展的国家职业教育安排

《国家职业教育改革方案》在开篇之首明确指出"职业教育与普通教育是两种不同教育类型,具有同等重要地位",要求职业院校"由参照普通教育办学模式向企业社会参与、专业特色鲜明的类型教育转变,大幅提升新时代职业教育现代化水平,为促进经济社会发展和提高国家竞争力提供优质人才资源支撑"。国家从政策层面推进职业教育办学从层次向类型转向,则需要为之设计相适应的制度安排,"1+X"证书制度正是现代职业教育制度框架关于人才培养模式、评价模式的一种制度设计,①更是对职业教育双证书制度下技术技能人才培养供给侧与就业市场需求侧间冲突与错配问题的回应。双证书制度重视发挥职业教育的经济功能,制度逻辑建基于培养人的知识技能,能够促进就业,服务经济发展,却

---

① "1+X证书制度":一种关于人才培养、评价模式的制度设计[EB/OL]. [2019-08-13](2023-01-23) http://edu.people.com.cn/n1/2019/0813/c1053-31291773.html.

忽视了职业教育应与社会经济协调发展和雇主按照信号对劳动者的能力的筛选，造成职业资格设置部门的利益寻租以及制度对象的"搭便车"。目前，国务院已分七批取消了434项职业资格，占总数的70％以上，部分职业资格证书的取消，不仅反映了职业的变迁，还暴露了职业资格证书与岗位技能要求脱节的问题。2019年1月，《国务院关于印发国家职业教育改革实施方案的通知》在"构建职业教育国家标准"部分提出"启动1+X证书制度试点工作"。"1+X"证书制度是我国职业教育证书制度的发展和完善，其政策价值取向坚持以就业为导向，以学生为中心，以能力为本位，面向工作岗位培养知识及技能，更加关注培养学生的可持续发展能力，凸显了职业教育鲜明的类型办学特色，共建共享了人人人生出彩机会的职业教育新时代。职业教育的核心特征在坚持就业导向、培养技术技能人才，职业教育要走类型化发展道路，关键在于建立起与之发展相适应的人才培养模式，而建构和改革"1+X"证书制度下的人才培养模式是一个突破口。

（三）职业院校人才培养模式改革的内在需求

目前，我国职业教育正处于教学改革的深化时期，为了实现全面提高人才培养质量的目标，需要从人才培养模式着手，推动职业教育进入高质量发展阶段。"1+X"证书制度正是推动职业教育教学改革深化的关键因素，其意义不止表面上为了考取几张职业技能等级证书，而是产业转型升级背景下高水平复合型技术技能人才培养对人才培养模式改革的内在要求。职业院校现行的订单式模式、理论实践一体化模式、工学交替模式以及现代学生制模式等，更多基于学校教学安排，关注诠释专业理论知识和传授技术技能，强调知识的系统性，却对综合素养、工作岗位胜任力、迁移就业能力、可持续发展能力等方面缺乏关注。这虽然有助于学生获得扎实的专业理论知识，但教学内容难免脱离技术进步和生产实际，难以紧贴最新职业标准、行业标准、岗位实际培养职业生涯可持续发展所需的技术技能和职业素养。为有效解决这一难题，职业院校有必要主动作为，从人才培养模式改革入手，着力培养复合型技术技能人才，即实施"1+X"证书制度下的人才培养模式改革，将 X 职业技能等级证书培训内容、考核、鉴定融入学校教学内容和过程有机结合，把职业标准以及职业岗位所需知识、技能、素养等内容融贯于相关专业教学过程，相关教学课程考试与职业技能等级证书考核相结合，推动课证互通与共长。从国际上看，国外职业教育人才培养主要呈现为三种模式：德国的"双元制"、美国及加拿大的"以能力为基础的教育"模式（Compentency Based Education）、澳大利亚的"技术和继续教育学院"模式（Technical and Further Education）。其中，德国的职业教育人才培养以职业获得的行为过程为导向，专业理论知识教学内容浅显、强调学以致用且知识面广，强调现场实习和专业实践教学，着重培养"宽基础、复合型"的技术技能人才。由此观之，国内外职业教育培养模式改革的关键点在于职业教育究竟培养什么样的人。因此，我国职业院校应建立基于"1+X"证书制度的课程体系，与国际职业教育人才培养模式相结合，着力培养具有可持续发展能力的复合型技术技能人才。

二、关于"1+X"证书制度下高职人才培养模式的质疑

"1+X"证书制度是支撑职业教育类型化发展的国家教育制度安排，对促进职业教育高质量发展具有重要的促进作用，对培养产业经济发展需要的高水平复合型技术技能人才具有极大的价值意义。但是，"1+X"证书制度仍然是一个新兴事物，在四年来的实施过程中，仍存在诸多不尽如人意的地方和令人生疑之处，揭示疑点和不足对更好地落实"1+X"证书制度具有重要价值。

（一）关于"1+X"证书制度的内涵质疑

基于价值立场和自身利益及文化认知，不同群体对"1+X"证书制度内涵存在多样化的理解。职业院校作为政策的实施主体，对"1+X"证书制度内涵的准确理解和精准把握能够有效指导实践展开。反之，内涵概念理解的偏差将可能导致"1+X"证书制度下人才培养模式改革的

偏颇。目前，"1+X"证书制度实施正处于起步探索阶段，无论是职业院校还是专家学者，抑或学生家长对"1+X"证书制度的内涵理解并不准确，存有质疑和争论。职业院校及学者们在"1"是学历证书这一观点上达成共识，但是对"X"证书大致存在三种争议。

其一，关于"X"证书的"质"的质疑。"X"意味若干职业技能等级证书，但是没有明确职业技能等级证书的具体名称，即某专业的学生应考取何种职业技能等级证书，考取何种职业技能等级证书最有价值，其价值基础是什么？换言之，即某一专业涵盖的若干职业技能等级证书具体包含哪些证书？徐国庆、钱娴等认为，职业资格证书可以作为"1+X"证书制度实施中可选择的一种证书，若干职业技能等级证书中应包括职业资格证书中的能力水平评价类职业资格证书。而唐以志、黄娥等则认为，若干职业技能等级证书应属于培训类证书，这些证书能够反映出个体在职业岗位的技能水平。某专业教学过程中，职业院校该选择何种最有价值的证书与课程教学内容融合，若干个职业技能等级证书融入课程教学是否造成已有课程教学安排拥挤和学业负担，职业院校开设的证书以及学生选择考取的证书能否在就业中发挥实质性的作用都存在一定的争议。

其二，关于"X"证书的"量"的质疑。"X"意味若干、不确定，职业院校选择多少个职业技能等级证书与课程教学融合，学生应考取多少个职业技能等级证书对其职业生涯发展是适宜的，职业技能等级证书的数量是否多多益善，职业教育界莫衷一是。《国家职业教育改革实施方案》中明确规定，鼓励职业院校学生在获得学历证书的同时，积极取得多类职业技能等级证书。教育行政部门未对职业技能等级证书的数量及内容进行规定，在功利性价值导向指引下，职业技能等级证书培训与考证极容易沦为利益争夺的对象。在利益驱动下，职业院校以及社会培训组织大肆宣传以及开设职业技能等级证书考试种类，从而造成证书的泛滥及贬值。学生是否具有职业技能等级证书的自主选择权，"X"是否可为0，假若"X"为0，则意味着职业院校没有实施"1+X"证书制度。

在此意义上，学生必须考取职业技能等级证书数量必须大于等于1，这是否意味着职业院校强制学生考证，这值得深思。

其三，关于"1"和"X"之间的关系质疑。学历证书与若干职业技能等级证书之间的关系是并列还是递进，抑或共生共长、相互促进？学生取得学历证书和若干职业技能等级证书，意味着在完成固定学制规定的学业任务之后，在已掌握的知识和技术技能的基础上进一步拔高学习高阶职业技能，意味着学历教育与职业培训的结合，职业技能等级证书培训与考核是对学历内容的补充与延伸，能够进一步巩固提升专业基础知识。若只是在原有的职业院校学历教育基础上叠加职业技能等级证书的培训内容，必将增加学生学业负担。徐国庆认为，"这里更应当把'加'理解为外部延伸，即在完成学历教育内容的基础上，进一步延伸出对特定技能的学习要求，否则就难以体现实施1+X证书制度的根本目的，即培养复合型技术技能人才。"[①] 由此观之，两者之间并非简单的叠加、随意的复合，而是代表了一种学校学历教育与社会职业技能等级证书培训相结合的人才培养模式，相互促进，共同作用于培养适应产业经济发展的复合型技术技能人才。

（二）关于"1+X"证书制度实施中的不足

从成本收益角度审视职业技能等级证书制度存在的问题，应考察时代背景、个人与制度之间的协调与冲突，更加关注该项制度的教育意义，特别是它对人的发展的影响。目前，"1+X"证书制度实施存在的问题集中表现在部分职业技能等级证书不能精准反映时代经济发展要求，证出多门、重复交叉、制度执行低效，增加学生学业成本。

其一，部分职业技能等级证书发展滞后。随着数字化技术浪潮的到来，我国的产业结构正在发生深刻的变化。目前，现代农业、先进制造业、现代服务业向互联网领域迁移，"互联网+"与多种职业形态耦合，职业更替速度加快，职业技能等级证书淘汰激烈。"1+X"证书制度与社

---

① 徐国庆."1+X"是智能化时代职业教育人才培养模式的重要创新[J]. 教育发展研究，2019（7）：23.

会经济发展相适应协调，回应经济发展对劳动者的能力提出的要求，培养一专多能的复合型人才。部分职业技能等级证书开发未能及时跟上产业经济的发展变化，没有把岗位的技术技能更新体现到职业技能等级证书培训内容中，继而传递到职业教育人才培养模式改革中。龙头企业作为职业技能等级证书开发的重要主体，职业技能等级标准及培训内容是否真实反映了产业发展趋势，还是只是代表了一部分企业的利益诉求，以及是否符合职业教育人才培养的规律，值得追问。

其二，"证出多门"重复交叉，制度执行效率不够高。从"1+X"证书制度执行过程看，我国职业技能等级证书设置管理方面存在执行效率低下问题。首先，国家劳动及人事行政部门会同有关行业主管部门研究和确定职业技能等级证书种类的范围，但部分地方部门、行业企业、培训机构为谋取利益而随意设置职业技能等级证书，造成证书种类繁多、重复交叉。有的职业技能等级证书培训机构随意开展举办职业资格培训、考试、认证等活动，乱收费、滥发证。其次，"书""证"难以融通，制度执行效率不够高。从应然状态上看，"1+X"证书制度的实施逻辑在于，职业技能等级证书培训内容与考核标准对接学校专业人才培养方案和课程教学内容，实现学生学习过程与工作过程的融通，提升学生的岗位技能。"证"多的情况下，人才培养方案及课程标准如何适应职业技能等级证书的考核标准，"书"与"证"无法实现有机融通，造成学历教育的学习过程与社会职业技能等级证书培训过程的"两张皮"。此外，部分职业院校出于院方利益考量，受师资力量和实训条件限制，课程教学改革不彻底，迎合上级检查，使得"学历证书"与"职业技能等级证书"融合表浅化，不利于"1+X"证书制度有效实施。

第二节 "1+X"证书制度下人才培养模式的创新方向

国家自上而下大力推进职业院校实施"1+X"证书制度，其政策意图绝非仅仅是鼓励学习者考取若干职业技能等级证书或为学习者提供可选择考试的职业技能等级证书，而在于深入推进职业教育办学形态创新和人才培养模式改革。职业院校亟须从实施形式、培养目标、制度支持等方面探索新时代背景下"1+X"证书制度下人才培养模式的创新方向。

一、建构职业学历教育与技能培训相结合的复合型人才培养模式

"1+X"证书制度是一种将职业学历教育与职业技能等级证书培训有机结合的人才培养模式，旨在推进职业院校现有学历教育下的人才培养模式改革。《国家职业教育改革实施方案》在"启动1+X证书制度试点工作"部分，开门见山地提出要"深化复合型技术技能人才培养培训模式改革，借鉴国际职业教育培训普遍做法，制订工作方案和具体管理办法，启动1+X证书制度试点工作"。如此，职业学历教育与职业培训相结合的人才培养模式，本质上是一种复合型技术技能人才培养培训模式，打破学校学制教育的边界，以课证融通、工学交替实现育训结合。《教育部关于职业院校专业人才培养方案制订与实施工作的指导意见》指出，"鼓励学校积极参与实施1+X证书制度试点，将职业技能等级标准有关内容及要求有机融入专业课程教学，优化专业人才培养方案。"将"1+X"证书制度融入专业人才培养方案，能切实有效保障"1+X"证书制度下人才培养模式的落实落地。专业人才培养方案不仅是职业院校落实技术技能人才培养总要求，组织开展教学活动、安排教学任务的纲领性文件，还是开展专业人才培养及质量评价的基本依据。职业院校应与职业技能等级证书考核评价社会组织、培训机构、龙头企业联合修订专业人才培养方案，建构职业学历教育与技能培训相结合的复合型人才培养模式；将职业标准、若干职业技能等级证书培训内容有机融入人才培养方案，针对学历教育教学内容中与职业技能等级证书内容重叠部分，适当做减法，增加学习效能；在学历教育基础知识与技能上，合理延伸职业技能等级证书内容，适当增加职业岗位要求的特定技能难度。

二、从教授"一技之长"转向培养"一专多能"的复合型人才

当下,职业院校现有的人才培养模式是建基于"学历证书和职业资格证书相衔接制度"(简称"双证书制度"),使专业教学标准与职业标准相互衔接,其逻辑起点在于针对特定职业岗位要求培养具有核心技能的专业技术技能人才,突出人才培养的"专业性""针对性"。从职业院校现有的现代学生制人才培养、定向培养、订单培养等人才培养模式来看,它们都是基于清晰的职业边界在学历教育范围内培养某一专业的专门技术技能人才。随着社会步入后工业化时代,信息化、数字化、智能化高度发展,劳动形态发生新的变化,职业演变更替加快,职业的清晰边界被打破,以及呈现交叉融合态势,劳动力就业市场形势愈加复杂,这对职业院校人才培养规格提出了更新更高的要求。学习者为获取就业机会,不仅仅只具备某专业的知识和核心技能,还应具备多项能胜任其他职业工作岗位的知识和技能,即强调技术技能人才培养的针对性、适用性,培养一专多能的复合型人才。复合型技术技能人才在掌握扎实的学历教育知识和技能基础上,通过职业培训考取多项职业技能等级证书,获得特殊的、个性化的技能,扩大了职业选择范围,增加了就业成功的可能性。在此意义上,"1+X"证书制度下人才培养模式实质上是一种专业核心职业能力与若干可能选择的特色技能相组合的教学模式和学习模式,重在培养具有核心职业能力的复合型人才。

三、建立职业学历教育与职业培训成果的认定、积累和转换制度

"1+X"证书制度下的人才培养模式变革需要国家层面的人才培养及评价制度做支撑,职业培训的学习成果认定、积累和转换制度正是该人才培养模式建构的基础。在双证书制度背景下,职业院校通常采用在现有人才培养模式基础上,在教学计划上叠加职业资格考证学习任务,重

复的教学内容增加了学习者的学业负担,而且职业资格证书学习成果并不能转换为学历教育的学分。《国家职业教育改革实施方案》在"实现学习成果的认定、积累和转换"部分提出推进职业教育国家"学分银行"建设,要求"有序开展学历证书和职业技能等级证书所体现的学习成果的认定、积累和转换,为技术技能人才持续成长拓宽通道"。在"1+X"证书制度背景下,职业教育培训评价组织必然提供多种类的、可供选择的职业技能等级证书,学习者在固定时间内跨专业领域考取若干职业技能等级证书,势必倒逼学历教育的教学管理改革,例如延长学习年限、建立职业培训成果的学分转换机制。《职业教育法》第十七条规定,"国家建立健全各级各类学校教育与职业培训学分、资历以及其他学习成果的认证、积累和转换机制,推进职业教育国家学分银行建设,促进职业教育与普通教育的学习成果融通、互认。"这为职业院校探索职业培训学分、资历积累和转换为职业学历教育成果提供了法律依据,意味着职业培训资历、职业技能等级证书可以为获取更好学历积累学分。基于此,职业院校需要积极探索"1+X"证书制度下人才培养管理制度,促进育训结合、书证融通、学分互认、成果转化。

第三节 职业院校人才培养模式的创新路径

"为谁培养人""培养什么样的人""如何培养人"是教育的三大基础命题,培养目标是解决"培养什么样的人"的问题,是教育的出发点和本质问题,同时人才培养目标也是决定教育类型属性的关键。人才培养目标决定了学生培养的基本方向,是职业院校一切教育活动的指南,规定着教育活动结束后学生在知识、技能、素养等多方面要达到的标准,也是进行教育评价、评估的参照。

一、"1＋X"证书制度下技能人才的培养目标再定位

2016年3月,李克强总理在作政府工作报告时说:"鼓励企业开展个性化定制、柔性化生产,培育精益求精的工匠精神,增品种、提品质、创品牌。""工匠精神"首次出现在政府工作报告中。之后,"工匠精神"多次被政府报告和文件提及,十九大报告提出"建设知识型、技能型、创新型劳动者大军,弘扬劳模精神和工匠精神,营造劳动光荣的社会风尚和精益求精的敬业风气"。工匠精神是工匠们在长期职业实践过程中养成的良好职业素养、彰显的特有职业品质,新时代更是赋予了工匠精神新的内涵。但是,工匠精神是一种意识形态,没有纯意识的存在,工匠精神只有承载于人之上才能够体现出来,职业教育工匠精神的培育也只有通过学生这一载体才能够进行。随着经济结构的调整和产业转型升级,生产的组织形式和技术手段发生了变化,对技术技能人才提出了更高的要求,技术技能人才需要熟悉岗位群,需要了解生产和服务对象的需求,需要掌握生产组织形式和技术手段发展动态等。传统的单一专业型人才难以满足社会经济的发展,社会需要掌握多种能力的复合型人才。因此,我们将"工匠型"复合人才作为职业院校"1＋X"证书制度的人才培养目标。

(一)"工匠型"复合人才培养目标的维度

一般而言,人才培养目标包括知识、能力、素养等基本要素。从逻辑角度来说,三者是基础、核心、关键的关系。知识是人才培养目标的基础,对能力和素养起直接作用。知识外化带来的就是人的能力,知识内化的结果体现为人的素养。知识涵盖了基础理论知识和专业技能知识。能力是人才培养目标的核心,是在掌握知识的基础上表现出来的一种对外在事物的改造技能,具有专业性和发展性。能力主要包括操作能力、迁移能力、创新能力和适应能力等。素养的内涵比较宽泛,包括身体与心理素质、思想道德与文化素质,还有专业素质等。三者以知识为基石,

能力和素养在知识基础上平行发展又交叉融合。职业院校"工匠型"复合人才培养目标也遵循知识、能力、素养三个维度，但又有其自身特点。

1. "工匠型"复合人才培养知识目标的应用与复合性

职业教育以就业为导向，培养的是能直接服务于生产管理一线的技术技能人才，其知识目标具有应用性的特征。"工匠型"复合人才培养目标从"技术型""应用型""高技能型""技术技能型"人才发展而来，其专业知识与基础知识要求更高。当下知识爆炸的时代，学科交叉、知识充足成为常态，许多科技不再是由单一知识构成，这就需要从业人员学科知识的复合。工匠是在某一领域具有超高技艺的人，要实现在专业领域的精通，更加需要其他相关领域知识的支撑。

2. "工匠型"复合人才培养能力目标的专研与创造性

职业性是职业教育的本质属性，这是由职业教育的类型决定的，职业教育培养具有较强动手能力和解决实际问题能力的应用人才。"工匠型"复合人才要有很强的实践能力，要成为基层技术技能的行家里手，就需要专业化的能力支撑。同时，"工匠型"复合人才还需要有对工作的认同和自豪感，进而达到专研的高地。这就意味着工匠型人才能力的专，不仅是技能的高超，也是一种对工作透彻理解、追求极致的专研精神。产业结构升级和技术的改进对从业人员提出的要求越来越高，"工匠型"复合人才应具有较强迁移和创新能力，能及时发现现有和潜在的技术问题，运用既有知识创造性地解决问题。

3. "工匠型"复合人才培养素养目标的系统与行业性

教育性是职业教育另一个本质属性，职业教育必须关注人的发展，促进主体的构建和完善，并随时代的变迁而改变。"工匠型"复合人才素养目标有宏观层面的国家情怀、社会责任感的培养，也有个人层面的道德品质、坚定意志、进取精神等的培养，更有涉及具体行业的职业操守、职业精神、求真务实态度、不断进取等职业素养培养。因而，"工匠型"复合人才素质目标既是系统的，又是具有行业特性的。

(二)"工匠型"复合人才培养目标的构建框架

通过对"工匠型"复合人才培养目标维度及特征的剖析,我们认为,"工匠型"复合人才培养目标应定位于"宽厚与专精结合""人文与技术并重""传承与创新融合"的服务生产一线的高级应用人才。

1. 宽厚与专精结合

职业教育"工匠型"复合人才应具有知识的宽厚性。从纵向上来说是专业基础理论知识的厚度,基础理论知识是能力生成和能力得到发展的奠基石,也是构建个体能力体系的基础;从横向上来说是专业知识的宽度,表现为专业知识的宽口径,"工匠型"复合人才应尽可能扩大知识范围与覆盖面,在掌握本专业相关知识基础上,掌握与专业相关的其他内容,力争在更全的知识背景下深化对专业的理解,增强职业迁移与发展能力。在智能制造的时代,特定岗位的"单一技能者"重复、简单的工作方式将逐渐被工具和技术替代,工作内容复杂化的提升、职业岗位工作范围的拓宽和专业工种间业务的交叉要求一专多能的人才。[①] 同时,职业教育"工匠型"复合人才应具有知识的专精性,不断钻研从事行业、相关工作岗位的知识,在宽厚基础上做到专业的精细,这是由职业教育为生产一线服务的属性决定的,也是成为工匠的关键,只有将有限的时间和精力专注于特定领域才可能成功。

2. 人文与技能并重

工业革命经济发展对技术工人的需求催生了现代意义的职业教育,使职业教育从传统手工作坊的学生培养转向了规模化和制度化的学校教育,因而一开始职业教育就是以培养技术人才为目标。加之受推崇科学技术万能论和注重工具功能的"技术理性主义"影响,[②] 职业教育过分注重人才的技能训练,一定程度上忽略了人文素养的培养。强调职业教育对社会经济发展的贡献是必需的,但职业教育的人文价值维度同样不可

[①] 郑玉清. 现代职业教育的理性选择:职业技能与职业精神的高度融合[J]. 职教论坛,2015(5):30—33.

[②] 路宝利,杨菲,王亚男. 重建与传承:中国"工匠精神"缎带工程研究——基于"中国制造2025"[J]. 职教论坛,2015(11):5—11.

或缺，不能因为职业教育的社会功能而损害人的价值。因而，职业教育"工匠型"复合人才应是人文与技能并重，发展技术的同时，也注重人文精神的发展。具体来说，"工匠型"复合人才的人文素养培养包括坚定的政治立场与强烈的社会责任感、爱国情怀和民族精神等家国情怀的培养；正确的价值观、人生观、坚强的意志、不断进取的精神等道德品格的培养；传统文化、行业文化、企业文化、地域文化等文化传承的培养；敬业守信、求真务实、精益求精等职业精神的培养；全球视野、创新精神、终身学习等发展能力的培养。

3. 传承与创新融合

我国有悠久的手工业传统，手工业造就了一大批能工巧匠，享誉世界的精湛技艺以及独有的工匠文化。但随着产业革命和工业革命的兴起，现代工业制度及制造文化迅速传入中国，加之传统手工业的式微，中国本土工匠文化与技艺没有与现代制造业实现高度耦合，工匠文化及技艺的传承出现了"断代"。[①] 但不可否认的是，有着五千年历史的中华传统手工业曾经铸就了辉煌。传承的断裂，并没有让"工匠"的定义出现偏差，核心的本质依旧被保存，质量上的精益求精，技艺上的尽善尽美等。职业教育"工匠型"复合人才的培养应该是传承与创新相结合的人才，将中华本土工匠模式与西方近现代工匠模式相结合，传承创新技艺，在传统工艺的基础上不断创造新工艺，通过创新让传统工艺焕发出新的活力。传承创新精神，将"经世致用""守拙求真""德艺双修"等传统工匠精神与西方"标准化动作""一生只做一件事"等现代工匠精神融合创新。传承创新文化，将手工业传统"家族"文化、"师徒"文化与现代优秀企业文化、行业文化融合创新，培养出传统与现代结合、本土与国外结合的"工匠型"复合人才。

---

① 路宝利，杨菲，王亚男. 重建与传承：中国"工匠精神"缎带工程研究——基于"中国制造2025"[J]. 职教论坛，2015 (11)：5—11.

二、"1+X"证书制度下职业院校课程体系的重构

（一）当前课程体系中存在的问题

职业院校课程体系虽然建立在以就业为导向的基础之上，但更多只关注了固定的职业岗位的能力要求，对多方向、综合性职业能力发展基础的夯实考虑不足，同时仍缺乏足够的开放性，与社会和企业的联系较少，无法及时反映其需求变化。在这样的传统课程体系之下，"1"与"X"难以有效衔接和融通。

1. 滞后偏差：与产业企业现实需求脱节

随着技术创新的融合和市场需求的变动，产业发展越发呈现出复杂性和不确定性的特征，企业生产方式的变革、职业岗位的变化、劳动组织形式的更迭等，对人才素质提出了更高的要求。职业教育要为经济社会发展提供人才支撑，应构建能准确反映产业发展趋势对人才能力结构要求的新变化，适合复合型技术技能人才成长的课程体系，为学生职业生涯的可持续发展打下基础，这也是"1+X"证书制度实施的目的所在。但受理念、能力、资源等多种主客观因素的影响，当前职业院校课程体系在目标设计、内容编排及教学实施过程中都存在一定的问题。其一，大多数职业院校已完成课程开发理念由知识本位向能力本位的转变，但当前基于能力本位的课程开发大多只关注单一的职业岗位能力，缺乏对于复合性知识能力的拓展和岗位迁移能力的培养。其二，不少职业院校的课程设计在形式上是模块化的，是基于项目和任务的，但职业标准要求的工作能力的课程化转化问题仍然棘手，即课程教学内容与职业技能标准对接，或者说如何在课程内容中渗透职业核心能力和职业素养要求这一根本性问题并未得到解决。其三，未能及时跟进产业发展新技术、企业生产服务的新工艺、新规范，将最新的知识、技能补充进入教学内容。其四，在课程实施过程中，普通知识和技术性知识、基础理论与实践技能操作的教学仍处于"一分为二"的状态。学生在学完学校课程后，

不能很好地将所学内容迁移到工作过程中，也缺乏对于不同工作岗位的适应能力和应变能力，很难满足处于不断变革升级中的产业企业发展的现实需求。

2. 供给片面：难以满足学生多样化、个性化发展需求

当前职业院校学生以"00"后为主，相较而言，他们生活条件普遍比较优越，且成长在一个文化价值多元化的时代，因而自我意识很强且更具有自由精神和开放思想，个性化和多元化是他们最主要的特征。具体到职业教育诉求上，他们既想要单刀直入地习得与未来就业岗位相匹配的能力，又想要保留更换岗位甚至更换职业的可能性，拥有继续学习的基础和自我完善的能力。职业教育受到社会结构与个体选择的双重影响，既有服务社会的向度，亦有个体关照的向度，职业教育课程理应满足学生的个体化需求，在巩固学历教育关于学生通识、专业基础知识和必备技能的基础上，兼顾学生面向职业的多方向发展，以及个性化选择和终身学习的要求。"1+X"证书制度的实施亦是希望通过建构"横向多元复合"的证书框架，为学生提供更为多元的选择可能，达成促进学生个性化成长的应然状态。但从实然状态来看，职业教育课程所呈现的是固化的、有限的供给，所谓的选择性课程留给学生选择的空间和自由度并不大。一方面，课程资源在数量上、形式上、内容面向上缺乏全面性和丰富性，摆在学生面前的课程选项极为有限，学生拥有选择的权利，却没有多少选择的余地。另一方面，课程活动方式仍是相对封闭的，教学组织形式的整齐划一以及教学过程中的师生开放互动不足，成为限制学生个性化发展的瓶颈。

3. 结构缺陷：缺乏系统性、层级性

课程体系建设是学校育人体系建设的杠杆，学校育人模式的变革将由此撬动。对接"1+X"证书制度试点工作要求，职业院校的课程建设在结构体系上还存在一定缺陷，正视和弥补这些缺陷将成为落实"1+X"证书制度试点工作的重要突破口。当前，职业院校专业课程体系一般由公共基础课、专业基础课、专业技能课以及毕业设计和顶岗实习环节组

成,虽构成了一个完整体系,但内部模块拼凑痕迹明显,尤其是专业基础课和专业技能课的安排缺乏系统性。主要体现在课程内容前后衔接的逻辑性不强,导致知识内容碎片化,知识结构割裂化,甚至出现专业内不同课程间教学内容重复或是知识点的无效叠加现象。无论是基于知识技能的学习规律,还是从学生学完课程后获得技能等级证书的角度考虑,课程内容的编排都应是按梯级逐步推进,以螺旋式上升的形式呈现。但当前课程体系下的教学内容未能形成梯度化,对知识覆盖的宽度和深度没有进行充分的科学论证,若不进行针对性改革,"1+X"证书制度目标指向下的初、中、高分层次考核和跨专业学习都将成为无源之水、无本之木。

(二)"1+X"证书制度下的课程体系改革

"1+X"证书制度的颁布,对职业院校人才培养提出了新的要求,必然推动以就业为导向的职业教育课程改革,催化课程体系重构。"1+X"证书制度下职业教育课程体系重构是一项系统工程,涉及课程开发主体、课程培养目标、课程结构、课程内容、课程实施等诸多方面。

1. 课程开发主体:由单一主体向多元主体转变

课程开发主体决定着课程的质量,职业教育课程开发工作通常由职业院校独立承担,这也是导致课程教学与产业、企业发展需求脱节的重要原因之一。职业教育为生产一线培养技术技能人才,课程是职业教育育人的核心载体,企业作为职业教育的需求主体、重要的利益相关者,理应成为课程开发的主体之一。企业对于技术技能人才的需求及标准,很大程度上影响甚至决定着职业院校课程开发的方向。企业需充分发挥其资源优势,以直接参与和指导的形式将人才需求、技术标准、工作过程等传导到课程目标中,渗透到课程标准和教学内容中。在"1+X"证书制度试点背景之下,作为职业技能等级证书及标准的建设主体,培训评价组织也应成为职业教育课程开发的主体之一。一方面,培训评价组织的行业背景较为深厚,熟悉产业业态变化及所带来的生产方式和工作方式上的变化,拥有参与开发行业相关技术标准和职业技能标准的经验。

另一方面，培训评价组织具有一定的职业教育或职业培训经验，了解教育教学的原理方法。作为既懂"职业"又懂"教育"的跨界主体，培训评价组织具有相当的权威性和指导性，应在课程开发尤其是课程目标设定、课程内容选择等方面提供足够的建议和支持，[①] 保障课程开发质量，提升职业教育人才培养的认可度。

2. 课程培养目标：由培养标准化专业技术人才向培养复合型技术技能人才转变

传统课程体系的构建以"双证书"制度为背景，所培养的专业技术人才的针对性较强，获得"双证书"的毕业生可以顺利胜任对口的职业岗位工作。但"学历文凭＋职业资格证书"的固定组合所面向的只是同一类型、标准化的职业岗位，随着"学历证书"内涵范围的扩大和"若干技能等级证书"在纵向的多等级和横向领域的不设限，"1＋X"证书制度之下的课程目标在于培养能适应若干职业岗位需求的复合型技术技能人才。所谓复合型技术技能人才，是在具备专业定向的理论知识、操作技能和技术经验的基础上，对相关领域也触类旁通，能通过融合多元的知识技能，以新思路、新办法解决新技术、新职业、新岗位下的疑难问题。随着经济和科学技术的不断进步，产业结构的变革升级导致职业种类的更新换代，同一职位的岗位胜任力也处在变化之中，要求从业者具备多元的职业能力。相比标准化的同一型专业技术人才，复合型技术技能人才更具灵活性和适应性优势，更能适应技术不断变化更新的新时代对人才的需求。

3. 课程结构：由课证并行向课证融通转变

在当前职业院校"公共基础课—专业基础课—专业技能课—毕业设计及顶岗实习"的课程体系结构中，专业基础课、专业技能课中虽部分包含了职业资格证书或职业技能等级证书所对应的知识内容，但由于整体上的课程结构是横向封闭、纵向单进程的，学历教育课程和证书培训

---

① 许远. 基于"1＋X证书"的"课证融合"教材开发研究 [J]. 职业教育研究，2019 (7)：32—40.

课程仍处于并行状态，学生要获得相应的职业资格证书或职业技能等级证书仍需要在学历教育之外接受成体系的培训。要打造"1+X"制度下课证融通的课程体系，其关键为：一在于实现职业技能等级证书所包含的课程模块与传统专业核心课程模块的对接融合；二在于充分利用专业群平台，实现跨专业的模块选择。具体而言，可将部分技能等级模块的初级课程设为专业基础课，将部分技能等级模块的中级课程设为专业核心课，将其他专业必修的初级、中级技能等级模块课程作为本专业拓展课。当学生通过公共基础课、专业基础课、专业技能课中的核心课程模块时，即可获得本专业的毕业证书和若干不同等级技能等级证书。如果学生继续通过其他专业方向的模块，即可获得不同专业方向的不同等级技能等级证书，以此达到复合型技术技能人才要求。

4. 课程内容：由碎片化平面化向连贯化层次化转变

课程内容的选择与组织既受制于培养目标，又影响着培养目标的实现。要达成"1+X"证书制度之下的课程培养目标，不仅要转变课程内容编排逻辑，还需跨界整合知识和拓展知识层级。一是要改变以知识的内在逻辑为主线的课程内容编排方式，将知识逻辑和工作逻辑结合起来，所谓工作逻辑是指按照工作过程的特征来组织课程内容，找到两者之间的最佳结合点，将知识和经验联系起来，以问题解决为导向，串联知识点的衔接，实现课程内容前后衔接的紧凑、连贯。二是改变单一化的基于目标分解向度的知识选择与组织，打造知识分解与聚合的完整闭环，注重跨课程甚至跨专业的知识点的组合，遵循"理论—实践—理论"循环迭代过程，将理论知识与实践技能结合，通过实践后的总结实现分解后知识的抽象和聚合，突出能力体系的构建。三是要改变平面化的知识结构，注重知识的加深和拓展，分析技能等级标准与传统专业课程内容之间的交集，[1] 将职业技能等级标准中按层次开发的学习成果单元有机融入课程教学内容，重视知识的先后联系和层层递进，同时拓宽内容广度，

---

[1] 张春平. 论职业技能等级标准开发的三要素［J］. 中国职业技术教育，2019（16）：9－21＋26.

使课程内容表现出螺旋式上升的走势。此外，还要根据最新产业、职业岗位的需求，及时调整、更新课程教学内容，让课程内容具有应变性、创新性和时代性的特征。

5. 课程实施：由基于教向基于学转变

课程实施是将课程目标、课程内容等付诸实践，直接影响着课程育人的成效。当前，职业教育的课程教学仍大多以讲授法、演示法和练习法为主，这种基于教的课程实施，将学生置于被动学习的状态，不利于知识技能的内化，更难以促成对知识经验的融合和超越。"1+X"证书制度之下要培养能将课程知识融合创新的复合型技术技能人才，在课程实施上要由基于教向基于学转变，更多地关注学生的多元化需求，给予其自由选择的空间，夯实其自主选择的能力。其一，教师在教学中应扮演引导者、促进者，而不是权威的角色，所有的教学行为都立足于学生的学，搭建教学支架，在学生面临困难时提供必要的帮助，逐步引导知识理解的深入、技能操作的纯熟，实现理论与实操、不同领域知识经验的融合。其二，提供具有实用性、职业性和先进性的真实教学情境，让学生有更高的参与感和融入感，将流程化、格式化、模板化的显性知识变得可亲可近，将有利于职业生涯可持续发展的默会知识变得可感可思。其三，充分利用信息化手段，基于学习情况和需求分析，向学生推送兼具针对性和多样性的学习资源，实现泛在学习和个性化学习。让学生逐渐成长为一个独立的学习者，为终身学习奠定基础。

三、"1+X"证书制度下职业院校教学方法的变革

（一）教学方法变革的动因

1. 教学内容的转变

知识经济时代，知识的创造、储存与传播都发生了根本性改变，其内涵不断丰富，外延不断扩大。从知识的本质属性来看，知识不仅仅只是对客观事物和现实的表征，也不再是以静态形式的经验积累呈现，知

识变成了主体和客体相互作用的结果,体现出价值判断,具有创生的性质。① 从知识的存储方式来看,由静态形式的经验积累转向动态多元的方式,具有存储数字化、载体多样化的特征;从知识的增长方式看,知识呈现出一种爆发式增长趋势,传播与创造的速度成倍增长,主体获取知识的途径广泛,知识共享性特征显著,其生命周期、成长周期逐渐缩短,更新换代速度加快。知识的转型发展引发了学习内容的转变,现代学"1+X"证书制度培养要适应这种趋势,课程内容需要有取舍,也需要转变"拿来主义"的观念,要基于职业技能等级要求对课程内容做出价值研判。知识的转型发展也引发了教学方式的变革,传统的教学方式无法适应知识的无限性,引导现代学生掌握知识迁移层面的"学会学习",是教学方式变革的重要问题。

2. 教学方式的转型

互联网技术、移动通信技术和智能手机的普及使得信息的传播速度加快,瞬间互动传播成为一种日常状态。信息传播的媒介多样、形式多元,编写终端让人与人之间零距离互动沟通成为现实。不受时空限制的信息获取与交换已经成为当下人们认知世界的重要方式和生活中的一部分。不受时空限制的信息服务,使得学习不再是被动接受知识的过程,衍生的移动性自适应学习,成为了在互联网影响下成长的年轻一代主要的学习方式。② 这种新的学习方式、认知方式和交流方式,对基于固定时间、固定地点、固定人员的传统课堂教学带来了极大挑战,如何满足新型学习要求,构建开放式学习方式,是教学方式变革需要考虑的问题。

3. 教学媒介的变迁

技术的进步会促进新的教育媒介产生,使教学媒介由以物质实体为主要载体向以计算机网络技术和视听技术为主要载体转变,由主观性向智能性转变。教学媒介的这种数字化、智能化发展特征,扩大了其功能和作用,让其不仅仅局限于教学媒介和辅助手段这一地位,更是已经成

---

① 石中英. 知识转型与教育改革 [M]. 北京:教育科学出版社,2013:126—129.
② 康淑敏. 信息化背景下的教学方式变革研究 [J]. 教育研究,2015 (6):96—99.

为了一种认知工具和学习资源,它的出现与应用创新了教学环境的组成、改变了教学资源的外显形式,让教学资源数字化,教学方式更加多元化。教学媒介的信息化特征要求改变单一的基于语言的知识传授,建立基于多渠道、多模式的知识传递与沟通方式,这对教学方式提出了更高的要求,成为人才培养中不可忽视的问题。

(二) 教学方式变革的理念

1. 情境化理念

职业教育以促进就业和适应产业发展需求为导向,其服务社会和人才培养的基础职能,要求其为企业培养大量高素质的技术技能人才和帮助受教育者获得职业发展的能力,有人生出彩的机会,成为促进经济和社会发展的动力。职业教育特殊的地位,要求其教学内容是技能性知识,技能性知识是指导人们在实践或技术活动中如何做的知识,[①] 是一种建立在大量实践活动之上获得的知道如何处理实际问题的能力知识,既包括具体的经验与能力,也包括潜意识的反应。技能性知识生成于实践且应用于实践,不是纯理论的东西,具有典型的实践性特征,技能性知识是个体在与情境的互动中生成的,具有情境性特征。因而,从本质上看,技能性知识是一种怎样做的知识,包括思维和身体层面。作为职业教育重要的学习内容,技能性知识的传授方式要求职业教育"工学结合、知行合一",注重与生产、社会实践的结合,坚持做中学、做中教的主线,教育教学活动中凸显职业教育的职业性和实践性。人才培养是为企业培养准员工,为的是缩短毕业生和企业真实岗位需求的距离,实现毕业生的"零距离"上岗,提升受教育者的针对性和适应性,为企业培养更适合的员工,缩短新进员工的培训周期。可以说,相比职业教育普通学生,"1+X"人才培养过程中更强调教学方法的情境性,要求职业院校打造基于真实工作岗位的教学情境,使学生置身于真实的或模拟的工作环境中,成为活动的中心、学习的中心。

2. 个性化理念

---

① 乔为. 从做中学:基于具身认知的视角 [J]. 职业技术教育,2017 (31):13—20.

个体在成长过程中受遗传、环境、教育及主观能动性的交互影响，遗传在个体发展中起基础作用，环境是个体发展的外部影响因素，教育在个体发展中起主导作用，主观能动性是个体发展的决定性因素。正是因为各种因素的交互影响，个体在身体和心理上会显示出彼此各不相同的特征。了解个体差异，掌握个体差异，在个体差异上进行正确的引导，才能做到人尽其才、人尽其责，让人人都有出彩的机会。尊重个体的发展差异，表现在教育中就是"以学习者为中心"，其实质是以学生为主体，具体包括四个方面的要求：一是认识到学生是发展的主体，是正在成长的人，潜能是巨大的，是不成熟没有定性的；二是学生是独特的主体，不是抽象受教育对象，是有丰富个性的具体的人，是独一无二的，有自己个性的；三是学生是教育活动中的主体，教育教学活动中学生具有主观能动性；四是学生是责权主体，享有一定的法律权利并承担一定的法律责任。学生是成长中的个体，要能很好地适应新时代的技术技能新要求，为企业贡献创造力和想象力，提升企业竞争力，满足用户个性化的定制需求等。所以，"1+X"个性化的教学目标不仅包括学科知识，更是要让学习者学会学习，让学习过程成为自我发展的过程。

（三）教学方式变革的路向

1. 教学顺序的翻转：先学后教的定位

传统教学方式以教师、课堂、书本为中心，虽然教育界开展教学方式的改革呼吁了很多年，但至今没有改变职业教育教学以教师讲授为主、学生被动接受，学生个性被忽视、创造力被压制的事实。"1+X"人才培养的教学方式，一要转变传统教学观念，树立"学习者中心"的教育观念，尊重学生个性，注重学习能力的培养，转变先教后学的教学方式，推行先学后教的教学方式。先学后教看似仅仅是学习顺序的变化，实际上体现了学习者的中心地位。这就需要我们重置教师角色、师生关系，教师的角色不再局限于知识的传授者，也不再是教学的中心，教师是学生学习中的引导者、答疑者，重在提供咨询与帮助；学生不再是知识的被动接受者，而是知识的主动学习者，教师和学生的关系是一种合作、探究的新型关系,是一种平等交往与民主协商的关系。二是教学目的的转变。要转变将教学目的视为传授知识的想法,要认识到学比教更重要,学习能力的培养比知识的传授更为重要,教只是实现学的工具,要为了学而教。同时也应该认识到,学并不依赖于教,二者并不一定要同时进行,借助互联网,学生的学习可以摆脱对教的时空依赖,可以随时随地,可以无处不在。教学形式多种多样,不仅仅只有固定时空,师生面对面的知识传授,学习是一种可以在任何环境任何地点开展的自主行动。三是生生关系的重塑。传统教学中,学生之间大多数时候是一种独立的存在,学生之间缺乏互动。先学后教推崇的是学生的自主探究,学生之间的合作互助,学习变成了互动对话过程,这种对话不仅是与教师,也包括与同伴的对话。

2. 教学资源的丰富:多样化的资源形态

信息时代大规模、开放式的在线教学模式将传统教育的知识接受链进行了广泛扩展,也让"1+X"人才培养的教学方式由传统的线下课堂教学转向了线下与线上相结合的方式,教学资源的建设也应该适应这种形式,形成纸质与数字化融合互补的教学资源。一是线下教学资源的建设。虽然线上教学发展迅速,但是线下教学在人才培养中仍有其优势,要提升线下教学的质量,就必须在教材和教学内容上进行改革。教材开发要关注企业用人需求、学生现有基础和终身发展需求,将学生需求放在中心位置;既要关注专业技能培养,又要关注行为习惯、职业素养的养成;更要突出理实一体化,强调实践性。开发基于典型工作项目的活页式教材,依据岗位工作流程和任务,分析完成工作任务所需的技能、知识及素养,并将其转化为教学任务清单,形成模块化教学内容。充分利用活页的灵活、组合、开放特性,形成活页式教材,将教材的功能定位从"供应—接受"转变为"用户—服务"。二是线上教学资源的建设。职业学校要加强数字化教学资源的开发,配合活页教材开发专业图片素材、虚拟仿真课件、实况操作视频、情景视频等资源,提供相关专业的高新技术知识和各种最新动态、相关职业背景前沿等。注重慕课、微课、视频公开课等在线课程资源的开发与利用,为学生提供更多自主、个性化、开放的课程资源,增加教学资源的自主选择性,构建自主学习空间。三是开放性教学资源的建设。根据课程性质和人才培养目标定位,将课程内容进行重组,形成既符合知识与教学逻辑又具有迁移性的模块化教学资源;将行业案例、专业设计等没有经过加工的原始素材进行收集,形成情境性的素材型教学资源;将课堂中的隐性知识、过程性的资源以及教学的预设性等加以收集利用,形成教学的生成性资源,拓展学生的知识与视野。

3. 教学形式的混合:多种组织形式的结合

教学组织方式的核心在于信息的传递方式,教学形式的变革核心在于转变传统的以知识传授为主的单向线性组织结构,打造多种形式组合的教与学多向沟通交流的方式。教师教法变革方面,一是实施以方式方法为主导的讲授型教学,转变传统讲授型教学过程中知识灌输为主的方法,以核心知识点和原理为重点,精简教学内容,重点指导学生思维方式的掌握和问题解决的办法,辅助以可视化教学信息和资源,提供给学生情境化的知识;二是推行以问题为导向的对话式教学,通过知识关联、思维开放、学科交叉等途径构建有效性的核心问题,围绕核心问题的解决,推动学生探究与思考;三是提倡项目化的专题教学,以项目为载体,通过实际操作和问题的解决,推动相关知识的教学和技能的传授。学生学法变革方面,基于开放教学资源的自主学习,利用互联网和信息技术,依托多样化的资源形态,开展自主学习;基于主题的碎片化学习,利用闲暇时间,通过学习视频等资源,针对小知识点和项目开展学习;基于兴趣的个性化学习,从兴趣爱好出发,发展自适应学习能力。教师与学生互动方面,充分利用信息化手段和数字化平台,教师上传各类学习资料至云空间,实现教学资源的共享最大化。利用大数据分析技术,对学生学习过程进行数据形式化采集和描述,依据学生的预习情况,甄选疑难问题,提前做好教学安排,及时开展教学控制和反思,提高教学水平和评价的准确性。

4. 教学环境的打造：职场化的课堂情境

教学场所的情境化，即在职业院校的教学空间范围内呈现出职业场所具有的真实情境，实现课堂情境与职场情境的高度融合。课堂情境是根据教学需要而创建的，具有预设性、生成性和复杂性的特点，目的是使新的教学内容与学生已有经验建立起有意义的连接，从而实现学习的有效性，课堂情境的内容是偏抽象与理性的。职场情境是工作的场所，不仅包含职业活动发生的物理空间，也涵盖期间产生的社会关系，是二者的结合体，具有真实性、社会性、动态性的特点，职场情境的内容是偏具体与感性的。课堂情境与职场情境本身是割裂的、相互独立的，但是现代学生的培养要求实现二者的跨越与融合，才能实现知识、技能、素养、精神的一体化培养。一是要打造情境化的教学现场，参照生产现场布局，实现教学现场特别是实践教学现场的功能分区，实现教学区、作业区、展示区等的功能划分。二是完善课堂教学的管理，引入企业现场管理理念及管理制度，规范学生、设备、耗材、安全、环境等的管理，制定各类管理制度，形成规范化的管理标准，从粗放式的管理走向精细化，提高教学效率。三是营造生产氛围，引入企业文化，通过安全标语、操作规程等标识的粘贴，让学生感受企业物质文化；通过企业奖惩机制的引入，让学生体验企业制度文化。四是注重学生习惯的养成，参照企业要求，规范学生出勤、行为习惯等，培养学生的纪律性、责任感和安全意识。[①]

四、"1+X"证书制度下职业院校教师的培养

"1+X"证书制度是职业教育新育人理念的体现，要体现职业技能等级证书对技能人才培养的实践性、职业性和社会性等要求，这一新变化对职业院校教师提出了新要求和新挑战。

[①] 周嘉. 高职线上线下混合式教学影响因素分析及绩效体系构建[J]. 河北职业教育，2019（6）：55—58.

(一)"1+X"证书制度下职业院校教师的能力结构

"1+X"证书制度下职业院校的教师在具备普遍的"双师"能力基础上，满足"1+X"证书制度的特殊要求，从上述两个维度出发，我们认为其具有以下四种基本能力。

1. 教育教学能力

高尚的师德、厚重的科学素养、扎实的专业理论功底、深厚的文化修养是教师教育能力的基本要求。立德树人是一切教育教学活动的基本，师德是教师从事教育活动的前提，教师坚定的政治信念、严谨治学、爱岗敬业等诸多品质都影响学生的世界观、人生观、价值观等的形成，其职业意识、情感与行为都是学生效仿的对象，直接影响学生工作后的知、情、意、行，影响行业的道德风貌。一方面，教师要拥有作为合格职业实践者所应具备的职业道德，如爱岗敬业、诚实守信、遵守纪律等；另一方面，教师要拥有作为合格教育工作者所应具备的师德，如思想政治素质优良、敬业立学、崇德尚美等。① 深厚的教育科学素养要求教师掌握教育理论，遵循教育规律解决教育教学问题，遵循学生的身心发展规律等，包括一般教学法知识、职业教育教学法知识、任教专业的专业实践知识等实践性知识，表现为能够根据教育目标，运用教育技巧，按照教学计划和课程标准完成教学，并正确评价教学效果等。扎实的专业理论功底是教师的基本要求，包括一般教育理论、职业教育理论、任教专业的学科理论知识等理论性知识以及促使理论知识和实践性知识持续更新、优化的发展性知识，如反思性知识等。要求教师掌握本专业系统的知识和打下扎实而深厚的理论功底，不但要对教学大纲所要求的知识全面掌握、透彻理解，还要求能够了解本专业领域的发展动态、最新技术成果和前沿动态，对专业领域的发展动向有敏锐的洞察力，并及时把新知识、新技术、新理念、新工艺融入教育教学。此外，要促进学生的全面发展，也要求教师既要具有广博的文化知识，通过自己的修养与素质为学生打

---

① 杨成明. 职业院校"双师型"教师的内涵、专业发展与培养路径探究［J］. 教师教育学报，2021（2）：40—48.

下基础。

2. 专业实践能力

职业教育"以服务为宗旨，以就业为导向""培养面向生产、建设、管理、服务第一线需要的技术技能人才"决定了职业院校教师必须具备过硬的专业实践技能。专业实践能力是职业院校教师最重要的核心能力之一，实践技能是职业院校教师的内在素质。教师专业实践能力涵盖以下四方面：较强的教学科研能力与素质、熟练的专业实践技能、组织生产经营和科技推广能力以及指导学生实践的能力和素质。[①] 要求教师及时了解与本专业相关的最前沿的关键技术知识，掌握最新的操作技能尤其是在专业领域内从事试验、生产、技术开发和科研等工作的专业操作能力；要求教师对特定的岗位群有精深的把握，具有较强的理论和实践的综合能力，熟悉生产实践，能从事相关专业技术开发和专业技术服务工作，并能及时掌握本专业群的最新操作技能；要求教师有与本专业相关的指导学生实践操作的能力，在其教学中能够有较强的操作示范、解决现场疑难问题的指导能力，能够指导学生进行现场示范操作，保证实践教学的效果。

3. 项目开发能力

《关于在院校实施"学历证书＋若干职业技能等级证书"制度试点方案》（教职成〔2019〕6号）提出"提高教师实施'1＋X'证书教学、培训和考核评价的能力"。教师被赋予了职业技能培养、培训与等级鉴定的职责。要履行好这一职责，职业院校教师必须由传统的单纯的教书育人角色转变为项目和资源的开发者，致力于开发适应"1＋X"证书要求的课程与教学资源，培养复合型技术技能人才。"1＋X"证书制度自启动以来，虽然已经开发出不少职业技能等级证书，但尚不能做到对职业技能等级证书培训需求的全覆盖，为满足学生多样化技能学习诉求，职业院校教师举一反三的项目开发能力尤显重要。教师要发挥主观能动性，将

---

① 江军. 职业院校"双师型"教师的专业特质及其培养培训[J]. 职业技术教育，2015（16）：50—54.

相关职业技能等级证书培训内容与课程教学内容进行协同组合，对课程内容进行再加工和开发，开发适合技能教学、培训的课程包。与行业企业合作，对接职业技能等级标准，开发新型活页式、工作手册式教材。与培训评价组织合作，根据职业技能鉴定经验，开发职业技能等级鉴定培训包、项目包与项目案例集等，实现职业技能等级标准融入课程、教学、实训以及日常考核，促进育训的融合。

4. 知识融合能力

"1＋X"证书制度中，"1"和"X"是补充、强化和拓展的关系，两种证书的相互衔接和融通是其精髓所在，书证融通体现了职业教育适应需求的特点，也给职业教育带来了新的要求，特别是要求教师具有知识融合的能力。一方面，职业院校教师要透彻把握职业技能等级标准，职业技能等级证书将行业用人规范按照初、中、高三个级别划分，并以等级标准形式呈现，明确、详细地描述了各个等级要求，如知识点、技能操作、知识目标、技能目标、行业规范等，项目培训针对性较强。教师通过多渠道参加培训和不断深入学习，确保对职业技能证书等级标准有深入的把握和理解，为实现书证融通奠定基础。另一方面，职业院校教师要充当职业技能等级证书的培训师角色，在理清各级技能标准逻辑关系及思路的基础上，通过自身对课程的宏观把握，将职业技能等级证书标准与课程内容设置通盘考虑，按照等级要求把知识技能、教学活动、实践项目有机融合，重构课程内容体系，实现证书标准与课程教学目标的常态化衔接。同时，教师加强对学生职业技能的培养与培训，使学生在学历证书的基础上获得若干职业技能等级证书，成为复合型技术技能人才，拓宽就业渠道，提升创业能力，夯实可持续发展的基础。

（二）"1＋X"证书制度下职业院校教师的能力提升

1. 以立德树人为根本，加强师德师风建设

加强师德师风建设是培养新时代职业院校教师队伍的内在要求，也是培育教师思想政治素质、师德素养以及工匠精神的关键所在。职业院校要坚持以德立教，让师德师风成为教师培养的主轴线。第一，加强师

德师风载体建设。通过开展道德大讲坛、师德师风专题培训、师德楷模报告，以及构建师德教育课程体系等，大力倡导"敬业爱生、博学善教"的教风，形成良好的师德师风氛围。全面贯彻全员育人、全过程育人、全方位育人的现代教育理念，进一步提升教师职业道德素养，让教师师德师风建设落到实处，内化于心，外化于行。第二，培育师德师风先进典型，做好先进典型的挖掘、培养、推介工作。坚持开展评选师德标兵、优秀教师、优秀教育工作者活动，广泛宣扬师德师风先进事迹，建立良好的师德舆论宣传导向。第三，建立健全师德师风建设长效机制。建立健全师德师风评价体系、师德师风考核制度，发挥职业院校在师德师风建设中的主体作用，将师德师风作为评先评优、绩效考核、职称评聘、岗位聘用的首要条件，坚持师德师风问题"一票否决"制。

2. 以标准为引领，建立培养标准体系

教师标准是对教师素养的基本要求，在教师培养中具有基础性作用。教师培养要发挥标准的引领与基础性作用，建立健全培养标准体系。教师培养是一个系统工程，包括师德师风、教育教学、专业技能、学术研究、技术服务等多方面。因此，为提升培养的时效性，职业院校可以分类建立教师培养标准。第一，教师培养是一个长期性的工程，不同能力层次的教师在专业技术、教学能力等方面具有不同的需求。职业院校可以依据能力递进原则，参照职业技能等级证书标准要求，制定教师资格初、中、高分级培养标准，提升培养标准的适用性。第二，职业院校在广泛深入调研的基础上剖析教师的职业能力要素，构建职业核心能力模型，界定核心要素的特征权值，并据此开发教学能力标准。第三，职业院校结合教师专业化发展要求，从专业实践知识、专业实践能力和专业实践素养等方面对专业技能进行解构，构建"工匠型"教师专业技能通用标准。第四，不同的教师所面对的专业领域不同，其专业发展内容、产业发展动态、行业技艺更新等存在显著的差异。因此，在教师专业技能通用标准基础上，职业院校可以根据专业群进行分类，开发不同专业群教师的专业技能考核与评价标准，让标准更具针对性。

3. 以分层培养为抓手，构建协同培养新模式

高职教育以培养服务经济转型升级、产业结构调整、智能制造的大国工匠为目标，是与行业、企业联系最为紧密的一种教育类型。尤其是"1+X"证书制度背景下，职业院校教师培养离不开产教融合与校企合作，需要行业、企业深层次的参与。职业院校要搭建教师优质协同培养平台，充分发挥行业、企业、政府等多方资源与优势，完善校企合作相关制度，明确企业开展教师培训的职责、权利，规范教师培训的内容、考核方式等。同时，职业院校内部应根据专业发展需要建设工程技术研究中心、研究所、教学名师工作室、技能大师工作室、创新创业孵化基地等平台，通过这些平台为教师提供组建优质团队的契机，提供良好的科研与技术攻关条件，提供技术技能历练的项目载体。此外，教师培养的长周期性和教师个体需求的差异性要求职业院校实施分层培养。职业院校可以依据教师能力水平和专业发展规划，按照新进、初级、中级、高级分层，系统设计专业技能培养方案；根据教师知识结构和成长需求的差别，有针对性地设计个性化培养内容；通过企业顶岗、校本培训、政府培训、高校进修、国际交流等多样化的培养途径，解决教师培养形式单一、内容重复、流程固化的问题，形成教师校企协同、分层分类培养模式。

4. 以提升内驱力为目标，完善发展机制

教师培养需要建立系统化、规范化、科学化的培育机制，通过完善的培养准入机制、约束机制、激励机制、长效合作机制、经费保障机制等实现提升教师发展内驱力的目的。第一，职业院校建立岗前培训与能力测评机制，加强专业教师岗前培训力度，引入先进的职业能力测评体系，特别是要建立专业技能测评体系，开展专业技能测评，严格教师培养的准入标准。第二，职业院校建立定期轮回的企业顶岗培训机制，通过完善顶岗实践、校企联合培养机制，加强"工匠型"教师培养的全过程管理和考评，形成有力的约束机制。第三，职业院校健全教师成长的激励机制，优化教师成长环境，改革职级晋升，完善绩效工资分配，在

职称评定和福利待遇等方面向教师适度倾斜，形成良好的教师培育文化氛围。第四，职业院校构建多主体协同培养的长效合作机制，以有效协调各协同培养主体的责任、权力、利益，形成长期良性互动、稳定、持续、有效的深度合作，实现资源优化配置，充分发挥各方相对优势和整体效应，促进培养效果最大化。第五，职业院校完善经费投入机制，多渠道筹措经费，保障"工匠型"教师培养所需经费。

五、"1+X"证书制度下职业院校评价的改革

（一）当前职业教育评价中存在的问题

在国家高度重视、加快发展职业教育和社会经济发展对高素质技术技能人才提出前所未有迫切需求的推动之下，职业教育发展的内涵与外延在不断深化、扩大，但尚未成熟定型，在层次类型形式架构上还有着不少困惑，基于职业性和教育性的博弈与转变过程一定程度上会导致教育评价在目标、手段和内容上的试探与游移。与此同时，职业教育评价在长期发展过程中已逐步形成了相对固化的模式和标准，基于认知惰性与路径依赖所滋生的评价狭窄化、表面化的现象和"非此即彼""至刚至柔"的单线逻辑，很容易将改革中的试探与游移演变成从一个极端走向另一个极端，与"1+X"证书制度所倡导的评价取向背道而驰。

1. 评价目标的摇摆：为及时就业还是为自主发展

职业教育的职业属性决定了其肩负着促进就业的重要职责，就业率也一直是衡量职业院校办学水平和人才培养质量的重要指标之一。当前，高职教育的应然定位已经实现了从"以就业为导向"向"以促进就业为导向"的转变，职业教育评价的实然操作却并未改变对于就业的片面追求。在现有的评价体系内，"就业情况"依旧被职业院校当成检验学生学业成就的终极标准，而所谓的"就业情况"多只涉及就业的速率以及初次就业单位的规模、性质和薪资水平。这种狭隘的评价定位也逐渐引发了学生"被就业"的现象以及企业对于职业院校毕业生后劲不足的刻板

印象。

无论是就职业教育的教育属性还是毕业生的现实处境来看，聚焦学生当下生存就业的评价选择显然有失偏颇，对于学生自主发展意愿和可持续发展能力的考量似乎更为必要。"升学导向"和"慢就业导向"是这一立场之下两种较为典型的评价倾向。前者在实践领域已然长期存在且随着职业教育体系建设的深入、升学渠道的畅通趋势日盛。但进一步来看，"升学导向"并不是基于对教育属性的考量和对片面就业导向的主动纠正，而是受社会普遍存在的英才教育情绪和精英教育情结的影响，将升学化约为更多自主发展和向上流动的机会，它有可能成为隐匿在"升学即代表更多自主发展和向上流动机会"这一看似合理主张下的另一种对学生的裹挟。不同于前者，后者确是基于要实现学生的生存状态从尽快就业、谋求生计向理想择业、奠基生涯方向转变所发出的新声音。其倡导对就业的评价推延至毕业后3—5年，并充分包容学生"慢就业"的选择。目前，这一倡导还并未掀起大范围的实践，但足以引发重视和思考。对于学生而言，毕业后在寻求自我发展和职业发展的过程中，由于某种特定的人生追求选择不立即就业并无不妥，但教育不能不考虑当下的需要而确定一定的、近期的、现实的目标和评价标准，"应时之需"的社会功能与"即插即用"的工具价值更是职业教育的特征与优势之一，这种新评价导向的科学性和适切性着实有待商榷。但与此同时，我们确实很有必要跳脱片面的就业导向，"延迟评价"的理念也确实拓展了评价的时间边际，这对于获取更全面的关于发展与成长的参照和检视学生现状与教学成效的依据，具有方法论上的启发意义。

2. 评价手段的摇摆：用资格考试还是用能力测评

职业技能等级（资格）鉴定考试作为一种与职业发展紧密相关的刚性评价样态，具有一锤定音的终结效果，能高效发挥鉴别与筛选功能，较大程度地实现效率、公平的评价要求，因而也成为检测和评价职业院校学生学习成效和学业成就最常用的手段之一。不利的一面是，资格考试通常以"理论知识＋技能鉴定"的模式开展，这种独立于工作过程之外的"去情境化"的抽象评价存在一定的简化偏差，有可能遮蔽真实的职业能力状况，导致"高分低能""能考不能干"或"高能低分""能干不会考"现象的出现。然而，任何评价手段都有其局限性，当前最主要的问题不在于评价手段本身，而在于对这一评价手段的运用方式及其结果的过分重视所产生的连锁效应。在职业教育领域，"持证毕业"的潜规则和"唯考试""唯证书"的倾向一直被有意或无意地接受和强化，仅仅限于资格考试所涉猎的知识与技能范畴的"程式化""速成式"的应试教育也由此产生。

显然，这种应试教育有悖于高素质技术技能人才成长规律，背离了职业教育的人才培养目标。目前，为了将人才培养引回其应有的轨道，评价导向和评价技术层面的变革尝试已被提上日程。一方面，从评价导向层面，让学生可以自主选择参加职业资格证书或职业技能等级证书等考核，而不是将其作为毕业的限制条件。另一方面，从评价技术层面，人们也开始考虑是否通过改革评价手段，例如用能力测评取代资格考试才是更为可行之策。较之于资格考试，能力测评是一种相对化的柔性评价样态，主要评估应用知识和技能解决实际问题的能力，只有水平高低之分没有固定答案，[1]更多的是寓于过程之中并发挥增值效能。其结果更接近学生的真实能力，反映职业要求的效度，且能更好地衡量学生的成长和进步。但"能力之知"多是"默会知识"，不同的职业能力标准开发的方法，会导致不同的质量标准制定的模式，[2]因而能力测评主要依赖于评价主体的权威和经验，难免带有一定的主观倾向，存在争议性，在客观公正性和可操作性上并不具有优势。正因如此，能力测评无法完全替代资格考试的作用，更不能被奉为唯一之圭臬。但在实际操作中，人们往往寄希望于找到一种绝对"科学合理"的标准和方式，而忽略了将两种评价手段的关系由"替代"变为"互补"，开拓评价的更多种方向与可

---

[1] 赵志群. 职业能力评价在职业教育发展中的现实意义［J］. 职业技术教育，2019（25）：1.

[2] 肖化移. 高等职业教育质量标准研究［D］. 上海：华东师范大学，2004：63，98.

能性，或许才是更好的选择。

3. 评价内容的摇摆：重专业技能还是重职业素养

职业教育一开始是在学生培训的基础上发展起来的，过去的职业教育以习得并实现技能操作熟练化为目标，毕业生在实际工作中高效完成固定规程即可独当一面，专业知识与技能评价也一直处于绝对主导地位。随着时代发展、技术进步，生产操作复杂化，岗位边界甚至职业边界都在消融，能否胜任某一职业不仅取决于其相应的专业知识和实践技能，更取决于以人文素养、价值观和通用基础等综合素养为依托的工匠精神和持续学习能力，这也对职业教育人才培养提出了更高的要求。但长期以来职业院校在教学与评价过程中的"重技能，轻素养"已成常态且并不自知，外在环境的变化并未完全推动职业教育的内部变革。直到2015年《教育部关于深化职业教育教学改革全面提高人才培养质量的若干意见》《高等职业教育创新发展行动计划（2015—2018年）》先后强调"把提高学生职业技能和培养职业精神高度融合""促进职业技能培养与职业精神养成相融合"，2016年工匠精神首次被写入政府工作报告，职业院校才开始集体性地将关注的重点移向职业素养。

目前，部分职业院校已对人才培养方案进行了针对性改革，并逐步开展了多种形式的教学实践。但对于学生素养评价的探索较为单薄，主要有两种典型的方式：一是变更文化类、思政类课程的考核形式，加大考核力度；二是开辟单独板块测试职业道德和职业态度。一方面，职业素养所关乎的判断力、行动力和应变力不是一纸问答能测量的。另一方面，技能是素养转化为成果的必要条件，与技能脱钩，将素养孤立为纯粹的形而上的精神，其评价的效用可想而知。相比于企业，职业院校对于职业素养的考察时间、条件有限，但这种略显"形式主义"的评价行为，让人不得不做出这样的推测：其目的不是为了检验教学成效或是学生的素养如何，而是为了凸显"素养"的存在感和重要性。这种倾向不仅存在于评价中，也存在于教学设计和实施过程中，且两者具有很高的相关性。我们可以将其归于对以往"重技能，轻素养"的矫枉过正，又或是一种顺应政策和时代要求的被动而为。在更广义的层面上所反映出的事实是，距离实现技能与素养融合，职业教育还有很长的路要走。

（二）"1+X"证书制度实施背景下的教育评价改革

以"1+X"证书制度所倡导的开放融通的评价理念为指导，超越教育评价改革过程中的钟摆现象不是要追求一种绝对的价值平衡和稳定状态，而是在探索的过程中回避非此即彼的价值取向和为评而评的形式主义，采取更为审慎的态度和渐变主义的改革方法论，以开放、整合的思维，探索兼顾实用性与主体性的评价范式，并尽可能将评价效用转化为现实效用，推动学生的成人成才和职业教育的可持续发展。

1. 关照实用与个性兼顾的选择自主

对于职业技能等级证书外控的、狭窄的选择偏好源于评价的固化，实现评价的转型需要以国家资历框架和学分银行建立完善为支撑。既要实现多种证书与学历之间的对等效果，支持资历获得的多种途径和学习成果的多种来源，促进学生的选择自主和潜能发挥，又要确保同一层次的职业技能等级证书的考核难度和社会认可度的对等效果。保证职业技能等级证书社会价值的同时也保证学生的利益，使个体化的兴趣爱好能得到社会的认可。此外，形成性与终结性评价的结合能避免"一考定终身"的武断，实现终身教育理念所倡导的"全面的和无所不在的学习"。教育部印发《关于做好职业教育国家学分银行建设相关工作的通知》，要求全面推进落实学分制改革。要让学分制实至名归，院校需提供多样的课程备选，让学生在完成基础课程的前提下，能够结合自己的兴趣爱好、能力基础和实际情况选择制订学习内容和进度安排。

就目前而言，要满足实用与个性兼顾的选择自主，还需院校从证书引入的论证环节开始就有周全的考虑，将满足学生发展和劳动力市场两大需求作为逻辑主线，综合考虑两个方面的情况：考虑院校所服务区域的经济发展需求，综合调研专业（群）的服务对象，分析证书所培训的内容与企业需求的对接程度，选择最能反映本专业技术应用能力水平和特色的职业技能等级证书；分析研判自身的需求与能力，在做好相应宣传和解释工作的基础上充分调研学生的意愿,以此保证职业技能等级证书与劳动力市场的有效对接,以及学生的个性化可持续发展。

2. 即时维度与续时维度的线性延展

就业的速率和初始的就业水平一定程度上可以反映学生的学业成就和职业教育的质量,但在产业结构变化和终身教育需求增长的当下,个体所需要的不仅仅是为第一份工作做好准备,还要能灵活适应工作岗位甚至职业的变化,具备终身学习的能力。职业教育要考虑在特定环境与前景下学生当前和将来的可能需要,学生评价也应秉持发展的眼光、动态的思维,对照学生生涯基础能力标准,将生涯发展水平作为检视学生现状和教学成效的依据。职业教育虽然只是终身教育的早期阶段,但是仍然能对个体职业生涯的可持续发展起到客观的判断和有效的引导。一方面,要更充分、全面地衡量学生的就业情况,在传统就业评估指标的基础上,强化对于学生择业动向、创新能力和创业选择的关注,并将地域性差别、不同专业供求关系的差异等考虑在内。另一方面,要保持教育评价在时间和主体上的延展性,在科学开展即时性评价的基础上,强化延时性评价和跟踪评价,将评价的时间扩展、渗透至学生毕业后的各个阶段,持续关注学生在职业领域内的坚持、晋升、满意度以及职业转换情况,并基于动态调整原则优化评价内容和指标。在评价的主体和方法上,构建包括院校、教师、学生、用人单位等利益相关主体、麦可思研究所等市场认可度较高的专业信息评价平台和社会培训评价组织等职业教育人才评价的新生主体在内的"评价共同体",共同制定标准、开展评价。发挥评价的多元性和对话性,获取多维视角下的主观满意度和客观指数,强化评价主客体间的沟通,对相互矛盾的数据进行分析和解释。这样做的目的不仅仅是收集数据,掌握学生的就业动向,还能以这些数据信息作为参考,及时反思改善教育活动,更精准地对接社会对于人才的新要求。

3. 结果指标与过程指标的弹性共生

职业教育以应用性、实操性的外向性学习为主,教育评价也多以考查学生是否习得某一项特定的技能、获得相应的证书认可，并借此找到工作等外化的、结果性指标为依据。在技能评价方面，常参考、借鉴、引入工业界认可的标准，体现各种职业资格要求。这些彰显职业性特征的传统评价要素极为重要，但并不能代表全部。职业教育亦有向内用力，致力于提升隐性能力、丰富和完善内心的一面。同时，缄默知识的积累创新也是胜任职业工作岗位的重要因素，它更多地涉及学生的个人成长因素，隐含于教育教学的"过程"之中。因此，基于过程指标的成长性评价也是不可或缺的。相比以量化评价为主的对于结果指标的考察，以质性评价为主的对于过程指标的考察在实际操作中虽更具难度，但并非无章可循。其一，在评价方法上应以主体价值为导向，对教师和管理者等相关教育主体和用人单位进行深度的访谈和调查，对学生的能力变化进行横向和纵向的比较，以尽量反映评价对象和内容的真实状态和成果。其二，应强化以"学"为中心的增值性评价，将学生的自我效能感作为重要参考依据。利用大数据、人工智能等现代信息技术，追踪与分析学生的学习轨迹，基于学生的背景信息、入学成绩、初始发展水平构建学生成长的证据链和成果链，分析学生的成长趋势、教育教学过程给学生的成长发展带来的变化和成果。其三，应完善评价结果的运用，一方面，充分发挥过程性评价的及时反馈和鼓励作用，实现以评促教、以评促学。另一方面，结合结果性指标和过程性指标，更全面、综合地预测学生未来职业生涯的发展趋势。

4. 技艺层面与德行层面的相融互构

随着智能生产的数字化、网络化和机器自组织化，社会对于技术技能人才的要求更多是"去技能化"的。[①] 所谓"去技能化"并不是没有技能需求，而是去粗取精，弱化低级技能，发展能解决复杂生产问题的中高级技能，强化积极进取、精益求精等职业意识和创新、合作、持续学习等关键能力。作为高素质技术技能人才培养的主阵地，职业教育也应

---

① 张宏亮. 工业 4.0 时代技能人才职业能力结构需求变化与职业教育调适策略[J]. 现代教育管理，2017（10）：108−112.

将这些人所独有的、无法被机器替代的能力作为人才培养的核心和学生评价的基准。从能力的形成和发展规律来看，知识技能层面的"器"与人格、品行层面的"道"在个体吸收、内化和固化的过程中可能会分散存在，但在具体的工作情境中会转化为显性的能力表征，外显为综合性的能力体系。因此，要实现真正意义上的"有效评价"，评价的思维模式需遵循完整性原则，更多地指向学生在学习与行动中发展与展现的带有职业特征的整体性能力，而不只是碎片化地测评知识、技能、素养中的某一个分支，再将各项结果机械叠加，或抛开专业领域只看普遍意义上的人文素养。教育目标是整个评价的出发点和归宿，整体性职业能力的培养与评价，关键在于将职业精神融入职业技能培养，打造一个具有层次化的评价体系。在顶层设计、制订融合培养目标后，将其层层细化为可以测量或者大致判断的具体目标，实现职业精神和职业技能在每一项目标中的"一体化"融合或者在相关几项目标中的"结构型"融合，以保证培养能够落实到位。最后，通过逐步统合来实现对学生能力与素养的整体评价。

六、"1+X"证书制度下职业院校管理的革新

（一）"1+X"证书制度下职业院校管理理念的树立
1. 类型教育理念

《国家职业教育改革实施方案》开篇提出"职业教育与普通教育是两种不同教育类型，具有同等重要地位"。这是新时代国家层面对职业教育发展与改革提出的全局性的实施方案，将在相当长的一段时期内指引我国职业教育的发展。职业教育类型教育特征的体现，要求职业教育转变参照普通教育的办学模式，要求职业教育提升社会参与办学度，要求职业教育专业特色鲜明，要求职业教育为促进经济发展提供人才与智力支撑。这就需要职业教育由学校单一的一元结构走向校企协同育人的双元办学结构，由单一的育人需求转向满足教育与产业链双需求的功能定位，

由关注知识的单思维转向融合知识、技能、素养的多思维逻辑体系。① 因而，"1+X"证书制度下职业院校管理应树立类型教育理念，行业企业协同育人，遵循多元治理原则，处理好利益相关者关系，创新人才培养模式，体现职业教育"职业性"特色，服务经济社会发展。

2. 终身教育理念

"1+X"证书制度面向的不仅仅有在校学生，企业在职职工、社会人士等非传统生源也因此而获得了入学机会，使他们继续接受教育的意愿得以实现，让终身教育成为可能。学习型社会将是未来社会形态的典型文化、教育特征，学习型社会的构建以全民终身学习为基础。现代职业教育体系适应经济发展需求，产教深度融合，各层次教育纵向流通，普职教育双向流通、协调发展。现代职业教育体系构建的核心理念是终身教育理念，尤其是高职教育更是现代职业教育体系构建的关键环节，居于承上启下、沟通衔接的地位，更是要树立终身教育理念，在技术技能人才培养中，构建适合其发展的有机衔接的学习路径和上升通道。通过学分银行、弹性学制、长学籍管理等措施，基于职业技能等级证书开发及应用，助力国家职业资格框架的构建，实现中高职的有机衔接、入职前和入职后一体化发展，为技术技能人才终身学习与发展提供可能。

3. 服务就业理念

职业教育是服务经济社会发展需要，面向发展和生产一线，培养技术技能人才并实现其可持续发展的一种教育类型。"1+X"证书制度的实施，不仅是一个教育问题，让更多的人有接受教育的可能和机会，实现人人出彩的目标，更是一个民生问题，上升为应对经济发展和实施就业优先战略的一项宏观调控手段，与财政、货币政策成为了宏观调控的重要工具。作为国民教育和人力资源开发的重要组成，"1+X"证书制度一方面通过教育为经济的发展提供了需要的技术技能人才，能够有效缓解当下就业压力和结构性就业矛盾，另一方面通过提升劳动力的整体质量，

---

① 姜大源. 跨界、整合和重构：职业教育作为类型教育的三大特征——学习《国家职业教育改革实施方案》的体会 [J]. 中国职业技术教育，2019（7）：9—13.

为我国经济发展提供了人口红利。因而,"1+X"证书制度下职业院校管理应秉持服务就业一贯的理念,服务发展需求,以促进就业为导向。

(二)"1+X"证书制度下职业院校管理的变革举措

1. 坚持分类考试,推行注册入学

《国务院关于深化考试招生制度改革的实施意见》明确提出要加快推进职业院校分类考试。在高等教育入学考试仍以统一高考为主的当下,以选优为原则,主要目的是选拔出适合接受高等教育的人才,主要考查内容是文化理论知识的统一高考已经难以适应职业教育的新变化,优化职业院校入学机制意义重大。

一是坚持分类考试,完善"文化素质+职业技能"评价方式。重视职业教育的类型特征,职业院校考试招生与普通高校相对分开,职业院校人才选拔的侧重点应是学生是否适合接受专业学习以及具备专业学习基础的能力,真正甄选出适合继续进行专业学习或具备相关潜质的学生。职业院校要坚持"文化素质+职业技能"评价方式,文化素质成绩使用学生高中学业水平考试成绩,与此同时要加大职业技能考查比重和开展职业适应性测试。职业院校可以利用单招或者参照单招,组织职业技能考试,加大对学生职业技能、专业知识等水平和基础知识的测试。针对没有专业技能学习基础的生源,开展以职业意识、职业潜质和职业技术素养为核心的职业适应性测试,对学生与报考专业(职业)的匹配度、从事专业学习的潜质和通用技术素养的水平进行测评,其结果作为录取的依据。为了保障职业适应性测试结果的专业性、科学性,真正甄选出人才,需要结合高职教育工学结合的人才培养模式特征,结合深入的职业适应的理论研究,构建体现专业和职业岗位特征的职业适应性测试系统。

二是完善学习认可机制,推行注册入学制度。职业院校要完善学习认可机制,推行注册入学制度。对部分技能拔尖人才、取得相关职业技能等级证书的考生,结合其先前的学习和工作经历,可以给予免试录取或部分免试。对其前期学习成果进行积极科学的转化与认定,一是可以作为免试录取的条件,二是可以当做申请课程免修的基础。职业院校注册入学制度是指任意求学者,只要具有前一个层次的学历,就可以报名注册参加下一个高层次学历的学习,不参加高考,不填报志愿,学校通过注册直接录取学生。① 注册入学是"多元化"录取的表现方式,适应了社会对多样化人才的需要,给予了特殊人才接受高等教育的机会,是尊重学习者个性发展的体现,注册入学是传统意义上招生管理体制的创新,让高职教育更具灵活性。当然,注册入学并不是没有标准的入学,也不是降低了学习要求,注册入学是一种"宽进严出"的教育。某种意义来说,职业院校非传统生源的注册入学,是在一定程度上稍稍降低文化基础知识的要求,更加注重与职业领域密切相关的专业基础知识及应用的程序性知识。

2. 推行选课制度,完善弹性学制

弹性学制是弹性学习制度的缩减,弹性体现了适应性要求,即时间、空间、内容等方面的可变性;学习体现的是主体性要求,是以学习者为中心;制度体现的是规范性的要求,是标准的达到、不同教育类型和层次之间的沟通衔接。所以,微观上看,弹性学制是学习内容具有可选性、学习年限具有可变性、学习时间和空间具有不定性的一种学校教育模式。宏观上看,弹性学制是实现各类、各层教育沟通、衔接,为学习者提供更多选择的制度。② 弹性学制有以下显著特征:一是入学途径的便捷性。弹性学制可以让学习者通过免试入学和注册入学进入更高层次院校学习,可以突破入学的制度障碍,这有利于非传统生源进入职业院校学习,为更多的人提供学习的机会。二是学习内容的自主性。弹性学制赋予了学习者根据自身爱好和基础选择课程的权利,顺应了学习者个性化发展需求。三是学习年限的可变性。弹性学制使学习者在国家规定的学制基础上自行规划学习年限成为一种可能,不再受制于统一的年限,让因人而

---

① 范康健. 高校注册入学招生制度探析 [J]. 中国成人教育,2011 (23):40—42.
② 孙志河,陈光华. 弹性学制下的职业教育形态 [J]. 职业技术教育,2000 (34):9—12.

异地分配受教育时间成为现实，一定程度上提高了教育效率。四是学习时空的无限性。学习者可以根据自身条件选择学习时间、地点、方式，让学习不再受时空限制，平衡了学习与工作的需求。弹性学制的特征与优势，满足了"1+X"证书制度的特点，促进了"1+X"证书制度的革新，是"1+X"证书制度变革与创新的方向。

从弹性学制的特征我们可以看出，职业院校弹性学制的成功实施涉及诸多因素。从弹性学制本身来说，学分制是弹性学制顺利实施的基础，选课制度是弹性学制顺利实施的核心，导师制度是弹性学制顺利实施的支撑与保障。因而，职业院校完善弹性学制也应从学分制、选课制和导师制着手。学分制的建设我们会单独讨论，选课制的完善需要建立在课程体系的重构与模块化课程建设上。

职业院校课程体系的结构与重构。职业院校"解构"职业岗位能力需求与标准，解析职业岗位所需的知识、技能和态度，并依据此进行课程体系的重构。以能力进阶为导向，打造"平台＋模块"的课程体系，包括共享的底层平台课程、分立的中层模块课程、互选的高层拓展课程。"平台＋模块"课程体系既能使学生获得通用性技能，又能使学生获得专业的特殊性技能，为非传统生源课程自选提供了多样化的选择。因为弹性学制的灵活性、开放性、自主性、选择性等特征，学习者具有高度的自主权，对于职业规划清晰、目标明确、学习动力强劲的学生来说，这是加速学习、获取知识的高效途径。对于职业规划模糊、自律性欠缺的学生来说，高度的自主权可能会带来相反的结果，这就需要导师的引导。为保障弹性学制的顺利实施，职业院校需要配置专业导师，负责帮助学生制定个性化的学习方案，为学习者选课提供咨询，提供职业规划等专业性的辅导，开展教学管理等。此外，弹性学制的实施还需要现代化的管理手段作支撑，基于教育管理信息系统来实现教学管理的规范化和灵活化。

3. 践行学分银行，健全完全学分制

《国家职业教育改革实施方案》在第二大点"构建职业教育国家标

准"之下，明确提出要"实现学习成果的认定、积累和转换""加快推进职业教育国家'学分银行'建设"。学分银行是为学习者便于进行学习成果认证、积累与转换而设置的基于学分制的体系。[①] 学分银行的设立有利于实现各类教育之间的衔接与沟通，使学习者不受时空限制，满足学习需求，并依靠学分的积累获得学历、资历、资格等的持续晋升。构建国家学分银行对学习者有着重大意义。一是国家学分银行能够满足学习者自我成长价值需求，能够优先整合资源，其查询与搜索功能，可以为学习者获取优质教育资源提供便捷；能够提供持续学习的动力，为学习者构建成长道路；学分银行对接国际人才体系，有利于学习者国际化视野和国际通用能力的培养。二是学分银行为学习者提供技能提升的平台。学分银行是一种基础性平台，包含学分供给者、学分获得者、学分评判者等，能为所有参与者提供全技术保障和信息支撑，使学习者了解获取资格的全部要求，明确学习轨道。三是学分银行为学习者提供终身学习的能力。学分银行是以学习者为中心的新型教育模式，能够促进职业教育标准建设的落地化，能够促进全社会形成终身教育的氛围，这些观念和模式的转变为学习者应对挑战提供了支持。

我国学分银行的研究与实践始于2005年，先后出现了三种主要类型。普通本科高校、职业院校及其联盟学分银行主要是为了方便校内学分互认和积累，学校间的合作；企业学分银行主要依托企业，是为了促进民众和员工的终身学习；终身教育学分银行主要依托国家开放大学，是为了贯通学历教育与非学历教育、正规教育与在职教育的衔接通道，实现各类学习成果的积累与转换。虽然我国对学分银行进行了有益探索，但学分银行仍存在诸多缺陷。首先从实际情况上看，现有学分银行的设立有人员的局限性，主要针对的是特定人群，如在校学生、企业员工、学历提升人员等，与学分银行本质面向所有人有一定的差距。其次，学分银行呈相互割裂的状态，相互之间的整合与贯通很少。再次，学分银

---

① 王春娟，李嘉林. 我国职业教育国家学分银行建设的必然、实然与应然［J］. 职教论坛，2019（6）：118－122.

行体系不健全。目前的学分银行整体覆盖面不是很广，不能够较全面覆盖行业产业岗位的学分体系、认证体系、累积体系和兑换体系，系统的健全性有待提升。

  正是因为上述原因，导致我国目前的学分制多为学年学分制度，而不是理想的完全学分制。"1＋X"证书制度实施后，职业院校需要与之适应的管理制度，前文我们已经提到过弹性学制，而学分制则是弹性学制实施的基础，完全学分制的构建需要从以下几方面着手。一是需要明确的是完全学分制的实施不是几所职业院校、几个地区就能够实现的，而是需要站在国家的高度，聚焦现代职业教育整个体系的构建之上，政府要做好顶层设计与规划，从立法上授予学分赋予机构地位与权利，让学分银行内学习成果认证、积累及转换有法可依，提升学分银行的社会认可度和公信度。二是学分银行专门的运行机构，改变各类型学分银行运营主体各自为政的现状，成立独立于职业院校、行业、企业、社会培训机构等学分赋予主体的学分运行机构，保障学分银行的公平和中立性。三是制定统一的标准，针对同一专业、岗位、工种，建立同一的学分标准体系，改变学分赋予相对混乱的局面，提供一整套学分认证、积累与转换的标准。四是扩大成果认证范围，将成果认证从局限于校内正式课程学习扩展到非正式学习范围，涵盖经验、比赛、资质、资格、业绩、成绩等，提升社会人员成果的认证度。五是严格质量保障体系，在学分银行内部设立质量保障部门，利用信息化平台与手段监测学分银行运行，也可以通过第三方机构开展全面质量监控，并出具年度质量监控报告等。

第七章 "1＋X"证书制度中培训评价组织功能的扩展

"1＋X"证书制度试行的时间并不长，许多功能还属于探索阶段，但"1＋X"证书制度设计的初衷并不止于此，还有许多的功能拓展。在涉及的不同主体中，培训评价组织属于新生事物，也是最有可能进行功能拓展的主体。

第一节 培训评价组织成为第三方评价主体的可能性

教育评价事关教育发展方向，起着指挥棒和引导办学方向的作用。《深化新时代教育评价改革总体方案》是新中国第一个关于教育评价进行系统改革的文件，明确提出"健全职业学校评价""扩大行业企业参与评价，引导培养高素质劳动者和技术技能人才"。第三方评价机构是教育评价的重要主体，《国家职业教育改革实施方案》（国发〔2019〕4号）明确"积极支持第三方机构开展评估，将考核结果作为政策支持、绩效考核、表彰奖励的重要依据"。第三方评价是推进管办评分离，促进政府职能转变的重大举措，是构建政府、学校、社会之间新型关系的重要手段，也是形成决策、执行、监督相互协调、相互制约的教育治理结构和依法治教的必然要求。

一、高职教育第三方评价的主体特性辨析

研究高职教育第三方评价的主体创新，明确第三方评价的内涵和主体的应然状态是必要前提。目前，我国第三方评价的运用和实施主要集中在高等教育领域，主要指由在高等院校和教育行政部门之外的，拥有独立法人地位的机构或组织，通过接受委托或自主开展，运用科学的评价手段和工具，对高等学校的办学资质、教育教学水平、绩效等进行客观公正价值判断的行为。[①] 高等院校和教育行政部门开展的评价属于教育系统内部评价，相对而言，第三方评价属于教育外部评价，也称作体制外评估或外部评估。第三方评价的主体是独立于高等院校和教育行政部门之外的法人实体，在我国第三方评价机构主要有行业协会、专业学会、基金会、教育研究机构等各类社会组织，第三方评价机构应具有独立性、专业性、服务性、公正性等鲜明的主体特征。

（一）独立性

独立性是第三方评价机构最核心的特征，是第三方评价机构坚守中间立场的保障，使评估结果具有客观公正性，是其获得社会公信力和发展的主要原因，也是其存在的最重要的价值体现。第三方评价机构的独立性表现在以下方面：一是具有独立的法人资格，依法成立，拥有独立的民事行为能力，能够独立承担民事责任，能对评估结果及评估活动带来的结果负责。二是运行机制独立，有完善的组织机构和固定场所，有从事评价活动必需的硬件，有健全的管理、监控、保障等制度体系，有必要的财产和经费，资金来源途径相对独立，自负盈亏。三是价值判断独立，第三方评价机构具有高度自治权，有自身价值判断体系，不盲从于政府指令，不趋从于院校喜好。

---

① 陈兴明，陈孟威，李璇．"管办评分离"下高等教育第三方评估组织成长路径探析［J］．当代教育论坛，2019（4）：9—15．

（二）专业性

专业性是第三方评价科学化和规范化的重要保障，也是第三方评价机构获得学术权威的重要途径。第三方评价机构专业性体现在以下方面：一是评价标准专业，有一套符合法律法规，反映教育基本规律、经济社会要求、发展态势等，多学科融合的完整的评价知识体系和标准，并且能够得到同行、专业人员及教育研究者的普遍认同，能够在评价活动中起到引领、改进等作用，能够用于评估对象的价值判断。二是人员构成专业，评价人员具有相关专业背景，专业知识扎实，掌握科学的评价方法与手段，开展评价活动的经验丰富，拥有良好的职业道德和职业精神，有来自教育领域、相关行业、企业等的权威专家，评价团队结构合理。三是评价方法专业，掌握并熟练使用多种评价方法，能根据具体情况筛选评价方法，运用大数据和信息系统开展评估，致力于建立评价数据库和开发评价技术工具等。[1]

（三）服务性

政府和高校评价存在着评价主体单一、评价主观性较强等问题，评价结果的公众接受力一直受到诟病，第三方评价正是为有效解决上述弊端而产生，可以说服务性是第三方评价有别于其他评价的典型特征，第三方评价机构通过评价活动为行政部门、院校和社会提供服务。第三方评价机构通过评价活动中的数据收集与整理，能够为行政部门提供清晰的教育发展态势图，为相关行政部门制定政策法规提供数据支撑；院校办学水平、教育质量现状、潜在困境及对政府的诉求的客观反映，能为政府优化教育资源配置及创新教育治理方式提供参考依据。第三方评价机构对高校实施的客观外部评估，能发现高校发展显性优势和隐性问题，为高校教育教学改革和制定发展规划提供依据。同时，公众通过第三方评价机构发布的教育发展评价报告，掌握教育发展动态和高校人才培养质量信息，并将此作为志愿填报、专业选择及职业规划的参考。

---

[1] 严芳，闫艳. 我国教育评估专业化发展路径的思考［J］. 上海教育科研，2019（2）：47—52.

（四）公正性

公正性是第三方评价的灵魂和生命，是保障评价对象平等地位获得，化解评价活动矛盾的关键。第三方评价机构公正性体现在对象公正、程序公正和结果公正三个方面。公平对待所有委托主体和评价对象，最大程度避免利益干扰。严格按照评价体系、评价指标、评价方案、评价程序开展评价活动，制定评价人员管理办法与实施细则，严格遵守评价人员的责任与义务，评价活动具有制度化、体系化。评估信息公开化，评估指标、实施方案和评估结果等有关资料全公开，所有环节公开透明，置于社会各界监督下，自觉接受来自独立的教育评价复议专业机构的审查。

二、高职教育第三方评价实施的主体困境剖析

1985年，国家教委发布《中共中央关于教育体制改革的决定》，提出"教育评估的同时要注重教育界、知识界和用人部门等社会力量的参与"，第三方评价理念首次在政策文件中出现。1994年，"高等学校科研院所学位与研究生教育评估所"成立，这是我国第一家专业的第三方教育评价机构。2010年，《国家中长期教育改革和发展规划纲要（2010－2020年）》促使我国高等教育第三方评价机构规模化发展。据统计，目前我国省级行政单位级别的高等教育评估组织约30家，市级和民间教育评估组织有30多家。[①] 随着国家的重视和政策的推动，职业教育的第三方评价机构也有了较大的发展，如比较有影响力的麦可思数据有限公司等，但第三方评价主体也面临着不可忽视的发展困境。

（一）法律地位模糊，权责不明晰

我国是法治社会，法律地位指法律主体享受权利与承担义务的资格，也是法律主体行使权力，承担责任的依据。虽然我国先后出台了一系列

---

① 陈兴明，李璇，郑政捷. 我国高等教育第三方评估组织发展现状研究［J］. 黑龙江高教研究，2018（7）：73－78.

文件促进教育体制改革，改进教育评价，鼓励多元主体参与职业教育质量评价，但这些都属于政策性支持、鼓励、指导性文件，第三方评价主体真正法律意义上的地位却相当模糊。职业教育界的基本法《职业教育法》对于教育评价没有单独的条例，全文也没有提及第三方评价，加之《职业教育法》颁布已有二十多年，未能得到及时修订，有些条例已经不能完全指导社会经济现状。专门针对高等教育评估的文件是1990年发布的《普通高等学校教育评估暂行规定》，提出"鼓励学术机构、社会团体参加教育评估"，但其主要针对普通高校，没有体现出高职教育的特性，而且年代久远，难以指导现实操作。2016年，山东省教育厅印发的《山东省第三方教育评价办法（试行）》是国内首个省级第三方教育评价专门办法，提出了第三方机构的基本条件，明确了评价各方的权利与义务，具有显著的积极意义，但这仅仅是一个省份的第三方教育评价办法，应用范围有限。法律条文的空白，导致高职教育第三方评价机构合法性主体地位模糊，权利与义务难以保障，加深了民众对第三方评价机构合法性与权威性的质疑，难以进入主流评估体系核心，使第三方评价机构获得评估资源，实现长足持续发展更加艰难。其次，具体法律条文规范的缺失，致使第三方评价机构的成立、开展评估、监督、管理以及结果运用等无章可循，缺乏法律层面的"他律性"，单靠组织的"自律性"无法保障第三方评价机构的长远发展。

（二）元评价缺位，准入机制空白

教育评价的本质属性是一种价值判断，对教学活动的改进具有重要作用。但值得注意的是，教育评价这种作用的发挥是建立在评价活动本身的合理性、有效性和科学性基础之上，因而要使教育评价活动作用充分，前提是保证评价活动本身的质量。教育元评价是指对教育评价活动本身所进行的评价，[①]通过约束机制、反馈机制、激励机制保障教育评价活动的科学与合理。元评价在欧美高等教育领域得到了广泛应用，如欧

[①] 霍国强. 我国教育元评价的实践缺失及对策思考 [J]. 教育发展研究，2012 (Z2): 21—25.

洲高等教育质量保障协会（ENQA）、美国国家教育部和高等教育质量认证委员会等。但当前我国高职教育第三方评价的元评价缺失，一是没有专门的元评价机构，政府和业务主管单位都拥有对第三方评价的管理权力，元评价实施归属问题不清；二是未能制定第三方评价机构的准入机制，缺少对将注册成为第三方评价机构的主体开展的资格审查，要成为第三方评价主体必须满足独立法人资格、专业团队、资金来源相对固定、社会信誉好等基础条件，无审核的情况下开展的教育评估服务，将扰乱行业的秩序与规范；三是缺少元评价的标准体系，国内目前没有一套系统的、科学的、权威的教育元评价标准，教育理论界对这一领域的研究也较少。元评价的缺失，使得高职教育第三方评价活动失去了监督和制约，难以保证评价的质量，评价后续的监测与改进也无法实施，是第三方评价机构专业性受限、规范性不足的重要因子。

（三）内生动力不足，专业性有待加强

第三方评价机构能够接受委托依据合同或是自主开展，不受政府或其他组织的干扰行使评价权力是其独立性的基本要求。第三方评价的提出和应用，本质上是教育公共行政方式的转变和治理逻辑的变革，是为了解决政府和高校既当运动员又当裁判的困局。但是在现实中，第三方评价机构恰恰独立性不够，第三方评价机构主要有不完全第三方和完全第三方两种，其中不完全第三方评价机构是主体，虽具有独立法人地位，但其行政色彩明显，多数是基于行政部门评价职权的让渡，在行政部门推动甚至主导下诞生，缺乏独立性，存在体制依赖性，主要表现为经费上的自给性不足和对行政部门资源的依赖。完全第三方评价机构发展形势则更为严峻，长期政府主导的评价惯例，较低的社会认同度，使其能够获得的资源较少，加之对第三方评价机构的激励和培育政策不足，行业企业参与评价的热情难以调动，市场活力难以激发，第三方评价机构内生动力不足。同时，过多的行政干预和依赖，也将导致第三方评价机构专业性不强，主要体现在不完全第三方评价机构人事权的不足，重要岗位上缺乏决定权，[①]真正精于评价的人才可能难以发挥才能，影响了其评价团队的专业性。对于完全第三方评价机构而言，专业性更是其面临的大问题，高职教育评价本身就是一个极其复杂且技术含量高的活动，对专业的要求不言而喻，但是许多第三方评价机构却缺乏聘请评价专家、组建相对稳定的高水平评价团队的渠道和条件，也无法根据具体院校和评价活动调整、科学设置评价指标体系。

三、培训评价组织开展第三方评价的优势

《国家职业教育改革实施方案》是新时代职业教育发展指南，提出要"做优职业教育培训评价组织"，这也是培训评价组织在政策文件中首次正式提出，可以说，培训评价组织尚属于职业教育新生事物。培训评价组织是职业技能等级证书标准建设的主体，目前主要负责职业技能等级标准开发、教学资源开发、考核站点建设、证书培训与颁发等，名称里的"评价"目前主要指职业技能等级评价。截至2020年年底，教育部已先后四批遴选培训评价组织368家，开发职业技能等级证书480个。随着"1+X"证书制度试点的持续推广，培训评价组织将更加深入地参与职业教育和技术技能人才培养，其定位和功能也将扩大，其成为高职教育第三方评价的主体具有可能性。

（一）具有企业法人属性

企业法人是指以从事生产、流通、科技等活动为内容，以获取赢利和增加积累、创造社会财富为目的的社会经济组织，企业法人以营利为目的。[②]高职教育第三方评价主体应该具有企业法人属性，第三方评价机构是公益性和营利性的结合体，教育的公益属性让第三方评价机构不能以营利为唯一目的，但允许第三方评价机构适度营利是市场与现实的双

[①] 蔡正涛. 高等教育质量社会评价体系重构［J］. 中国成人教育，2015（8）：42—44.

[②] 王利明. 民法（第四版）［M］. 北京：中国人民大学出版社，2000：87.

重需要。适度营利能够一定程度上保证第三方评价机构的财政独立，避免政府通过财政拨款或补贴的方式带来的业务干预，提高第三方评价机构的独立性，也能够提高第三方评价机构的竞争意识，促进其发展。其次，《社会团体登记管理条例》（2016年）第十三条规定："在同一行政区域内已有业务范围相同或者相似的社会团体，没有必要成立的，登记管理机关不予批准筹备。"可见，若将第三方评价机构视为社会团体，便限制了其发展。因而，高职教育第三方评价主体必须具有企业法人属性。《职业教育培训评价组织遴选与监督管理办法（试行）》明确规定，申报主体为我国境内依法登记注册、具有规范财务和管理制度、具有一定规模和资金实力的具有独立法人资质的企业等主体。此外，申报条件还规定，培训评价组织需坚持把社会效益放首位，不以营利为唯一目的。可见，适度的营利性是获得肯定的，培训评价组织满足了企业法人营利的属性。

（二）具有与高职教育深入的合作力

职业教育是一种独立的教育类型，类型教育特征的构建需要坚持产教融合、校企合作这一主线，要求企业深度参与职业院校的教育教学全过程。第三方评价机构只有深入把握高职教育发展现状及方向，全面了解职业院校人才培养过程，才能够做出科学的价值判断。分析教育部职业技术教育中心研究所公布的培训评价组织名单可以看出，很多培训评价组织本身就是大企业、大公司，如颁发航空器灭火救援与救护职业技能等级证书的首都机场集团管理有限公司，颁发轨道交通装备焊接职业技能等级证书的中国中车集团有限公司，在成为培训评价组织之前，他们与职业院校开展订单人才、现代学生人才协同培养，接收职业院校教师顶岗实践，派遣能工巧匠、技术人员担任职业院校兼职教师，接收在校学生顶岗实习，与职业院校一同开展科技攻关、技术研发，招聘院校毕业生等，与高职教育有着深入合作的基础。同时，特殊的地位和深厚的合作基础，使培训评价组织拥有凝聚行业、企业和优质院校的能力，使其组建高素质专业评价团队、沟通各方、聚合评价资源成为可能，这些都是培训评价组织成为第三方评价主体的优势条件。

(三) 具有行业发展的透彻把握力

跨界是职业教育最显著的特征,职业教育跨越了教育与产业、学校与企业、学习与工作的界限,整合了教育与产业的需求,重构了知识的逻辑体系,实现了知识的仓储式向工作过程逻辑的转变。职业教育与产业发展联系紧密,对职业教育的评价应该将其对产业、经济的服务能力和促进作用当作核心指标,尤其是对行业类职业院校的评价更是需要评价主体具有对相关行业发展的透彻把握。培训评价组织在对应的行业中具有较强的影响力。一方面,其本身就是行业龙头企业,对同类企业具有较强的号召力和示范引领作用,对行业做出过突出贡献,掌握着行业话语权;另一方面,培训评价组织具备极强的凝聚同行的能力。因而,培训评价组织能够准确把握行业发展的现状与格局、趋势、周期、需求等。其次,培训评价组织是标准制定者,在行业领域,其有过参与行业国家标准制定的经验,对于没有国家标准的行业,培训评价组织甚至就是当下实施的行业标准制定者。在职业培训领域,申报培训评价组织要求其参与制定过国家职业标准,或牵头制定过职业培训的实施标准。此外,开发职业技能等级标准是培训评价组织的主要职责。透彻的行业把握力和较高的行业话语权,为培训评价组织成为高职教育第三方评价主体提供了可能。

(四) 具有较强的社会公信力

"1+X"证书制度是创新职业教育人才培养模式,满足技术技能人才需求,解决结构性就业矛盾的重要举措,是新时代我国职业教育改革的重大创新。作为"1+X"证书制度实施的重要主体,培训评价组织的成立可以说是承受政府、院校、行业企业及社会各界的期待,自带光环和关注,也为其获得较强的社会信赖度提供了基础。其次,培训评价组织采取社会化招募和动态管理,政府部门设置基础申报条件,面向全社会公开招募,满足条件的均可申报,优胜劣汰,择优录取,同行间具备竞争性。人力资源和社会保障部、教育部负责对培训评价组织的监督与考核,进行"双随机、一公开"的抽查,实施目录管理,设立退出机制,保障培训评价组织的活力和公正性。再次,要想成为培训评价组织,要求职业技能培训经验5年以上,培训规模累计5万人次以上,有在全国开展师资培训和与职业院校合作开展证书培训的基础,有从事过证书考核与颁发的经验,且颁发的证书受到社会和企业的高度认可。与此同时,还要求培训评价组织拥有囊括高技能人才、技术骨干及管理人员的专业团队。可见,培训评价组织具有高度的专业性。政府支持重视、审核严格、管理健全、高度专业,这些都为其获得较高社会公信力,成为高职教育第三方评价主体提供了助力。

第二节　培训评价组织开展第三方评价的可行路径

一、坚持德技并修,以育人为本作为评价导向

教育评价具有鲜明的导向作用,有什么样的评价导向就有什么样的办学方向,教育评价的指挥棒作用毋庸置疑。树立正确的教育价值观,明确培养什么样的人、怎样培养人和为谁培养人是教育评价要考虑的根本问题。新时代,教育评价改革的根本任务是立德树人,立德树人成效是教育评价的根本标准。不同类型的教育有自身不同的特点和要求,职业教育作为一种教育类型,相较于普通教育,跨越了教育与产业、学校与企业、学习与工作,整合了教育与产业的需求,重构了基于仓库式和应用式的知识逻辑结构,立德树人的根本要求在高职教育具体演化为"德技并修"的要求。以德为本、寓德于技、德技融合,将为社会主义建设培养接班人作为根本要求,将德育融于专业教学和具体活动之中。培训评价组织开展高职教育第三方评价,应该从评价对象本质特性出发,将育人为本作为评价的价值导向,评价标准体系、评价方法的运用、评价工具的选择、评价结果的应用等都应该以促进技术技能人才发展为出

发点和归宿点。将高职教育的"教育性"与"职业性"相结合，回归教育本体，清醒地认识到教育评价的目的是为了促进受教育者价值的充分实现，而不是为了满足外部的先后排序、优劣分等、资源划分等。

二、依托职业技能等级证书，重点开展专业评价

新时代职业教育要求走内涵式发展道路，保障和提升专业建设水平是职业院校的新使命。作为职业技能等级标准开发的第一主体，培训评价组织对所开发证书的社会需求、企业岗位（群）需求、国家职业标准、职业发展方向乃至国际标准等都有透彻的把握，所开发的职业技能等级证书都有与之适用的院校专业和面向明确的岗位（群），且在协助院校实施证书培训过程中，培训评价组织对职业院校专业会有比较深入的了解和把握，能够在合作的所有院校中鉴别比较出专业所处的相对等级。加之，随着"1+X"证书制度试点范围的不断扩大，参与试点的职业院校将越来越多，覆盖的专业也越来越广。因而，相较于开展院校层面的综合性评价，培训评价组织优先开展专业认证与评价上更具优势和可行性，培训评价组织开展高职教育第三方评价可以先从职业院校专业认证与评价着手，以职业技能等级证书对应专业为基础，将职业院校专业进行优劣分级，等单个专业认证与评价实施积累到一定程度，再对比职业院校所有专业中优秀专业数量及比例，以此作为职业院校整体评价的重要依据和基础，实现对职业院校综合性的评价。此外，合理运用专业评价结果，可以尝试将职业院校专业认证与职业技能等级证书的颁发相结合。参照美国工程教育专业认证制度与工程师注册制度的做法，[①] 将我国职业技能等级证书申报条件中"在校经过培训"拓宽为"在通过专业认证的院校经过培训"，这样不仅能在一定程度上保证培训的质量，更能提升职业院校参与专业认证的积极性，进而提升整个专业的质量。

---

① 王瑞朋，王孙禺，李锋亮. 论美国工程教育专业认证制度与工程师注册制度的衔接[J]. 清华大学教育研究，2015（2）：34—35.

三、借助职业技能等级证书培训，开展双师教师技能认定

"1+X"证书制度中学历证书与职业技能等级证书并不是简单的机械相加，其重点和核心是促进"课证融通"，实现职业技能等级标准和专业教学标准的有机融合，促进职业院校人才培养质量的提升。实现"课证融通"的关键环节是职业院校教师，职业院校教师接受来自培训评价组织的相关培训，将职业技能等级标准与教学标准相融合，反映到人才培养方案之中，并通过课程内容的更新、课程体系的重构及其他教学活动实现职业院校学生对新技术、新工艺、新规范和新要求的掌握，最终通过职业技能等级证书的获得，评价学生的学习效果及教师的教学效果。可见，职业院校教师是"1+X"证书制度落地的核心中转，培训评价组织开展的职业技能等级证书培训除企业、社会人员外，更多的是面向职业院校教师。新时代职业院校双师型教师评价不仅要注重师德师风、教育教学能力，突出实践技能水平，更要新增培训能力及团队协作力。在证书培训过程中，培训评价组织能够借助职业技能等级证书标准评判职业院校教师的实践技能水平层次，能够依据学生职业技能等级证书获得数量评估其培训能力，培训评价组织可以通过颁发职业技能等级证书培训师证书开展职业院校双师型教师的技能认证。

四、基于社会化等级认定，创新技能人才评价方式

我国职业资格制度始建于1994年，分准入类评价和水平评价两大类，技能人员职业资格属于水平评价类。由于职业资格制度在实施过程中出现了过多、过滥和影响了就业创业的问题，2013年开始，人力资源和社会保障部着手减少取消职业资格许可和认定事项，迄今已减少的职业资格占总数的70％以上。但是水平评价类技能人员职业资格的取消并不是取消技能人才的评价，而是通过社会化的职业技能等级认定创新技

能人才评价方式。社会化评价秉持"谁用人，谁评价"理念，强调转变政府主体职能，让职业技能等级认定接受市场和社会的检验，两大评价主体为培训评价组织和用人单位。正如学历证书和职业技能等级证书并不是简单相加，也不是单纯为了给职业院校学生多增加一条就业途径，培训评价组织开展职业技能等级认定也并不是为了在职业院校学习系统之外设计一个独立的人才评价体系，更多的目的是为了通过职业技能等级认定创新职业院校技能人才评价方式，引导职业院校教育教学改革。作为技能人才社会化等级评价的主体，培训评价组织在开展学生评价时要坚持以德为先、能力为重，注重过程性和综合能力的评价，建立以品德和能力为导向、以岗位需求为目的的人才培养和评价理念，以等级化的认证取代合格性的评价。

第八章 工业 4.0 时代高职院校技术技能人才培养的展望

以智能制造、大数据、物联网、机器学习等为代表的工业 4.0 时代，颠覆性创新技术发展层出不穷，科学技术以指数型爆发式发展，各领域技术集成、交叉叠加综合发展，正在彻底颠覆我们的生活、工作和相互关联的方式，各行各业都发生重大转变。职业教育也面临着转型带来的挑战，工业 4.0 时代职业教育如何转型、如何培养适应时代需要的技能人才是我们值得深思的问题。

第一节 工业 4.0 与转型的力量

2008 年的全球经济危机，使几乎所有发达国家的经济都萎靡不振，唯独德国却一枝独秀，失业率低且经济增长迅速，原因在于德国有着基础雄厚的工业制造业，实体经济是经济的稳定器，实体经济成功让德国抵御住了由美国次信贷危机引发的全球经济大萧条。制造业"顶梁柱"的作用被重新认识，经济发达国家都开始着手制定本国的工业发展战略规划。德国提出工业 4.0 计划，美国提出"再工业化"战略，日本提出"再兴战略"，中国提出"中国制造 2025"等。德国是世界上顶级的制造强国，德国提出的工业 4.0 理念在全球引起关注。

一、工业 4.0 的发展与特征

（一）从工业 1.0 到工业 4.0

工业 4.0 概念由工业 1.0 发展而来，每一个阶段都是人类对两百年多年来工业发展历程的总结，每一个阶段的开始都有着标志性的、划时代性的科技突破技术与事件。工业 1.0 时代约从 18 世纪 60 年代开始，一直持续到 19 世纪中叶，前后近 100 年的时间跨度。标志性技术是蒸汽轮机的发明，将人类从手工时代带进了机械时代，社会经济模式从手工加工变成了机械加工，极大的释放了社会生产力。发达国家在这一时期完成了工业生产的机械化改造，工业生产开始了大规模的流水线作业模式，零部件生产与整体产品装配分离，生产力极大提高，生产效率极大改善，批量生产产品得以实现。农业社会逐渐走向工业社会和城市社会。工业 2.0 时代约从 19 世纪 70 年到 20 世纪中期，将近 100 年。人类发明了电并将其运用于工业生产，开辟了电气时代。电力替代了蒸汽机，工业生产开始电气化改造，电在工业制造过程中被广泛应用，规模化生产应运而生。主要表现为：内燃机的创制和使用、新交通工具和新通讯手段的发明和使用、化学技术的发展、钢铁等传统工业的进步等。比起蒸汽轮机，生产效率有了极大的提高。工业 3.0 时代约从 20 世纪 60 年代开始，主要表现为在工业生产过程中，大量运用电子信息技术，标志是有了电子工程技术和新的信息技术等，并将其应用于工业制造。工业生产模式开始自动化改造，所以工业 3.0 也可以称之为自动化时代。尤其有了计算机技术并普及，实现了计算机的全球联网，工业生产模式发生了巨大的变革。2013 年，德国提出工业 4.0 的概念。不过，目前仍然处于工业 3.0 阶段[①]，若按照工业发展的历史规律保守预测，3.0 时代仍将持续一段时期，人类社会全面进入工业 4.0 时代尚需一段时间。但不可否认的

---

① 丁兴良. 丁兴良讲工业 4.0 [M]. 北京：中华工商联合出版社，2015：5.

是工业4.0时代出现开端，智能化将是工业4.0的显著特征。

表8-1 从工业1.0到工业4.0特征

工业1.0	工业2.0	工业3.0	工业4.0
第一次工业革命	第二次工业革命	第三次工业革命	第四次工业革命
机械时代	电气时代	自动化时代	智能化时代
以蒸汽机为动力，引进机械生产	以电能为动力，实现劳动分工和大批量生产	通过电子和信息技术，实现自动化生产	使用信息数据系统，实现智能化生产

（二）工业4.0的特征

工业4.0即第四次工业革命的工业版本，蒸汽机的发明驱动了第一次工业革命，流水线作业和电力的使用引发了第二次工业革命，半导体、计算机、互联网的发明和应用催生了第三次工业革命。在社会和技术指数级进步的推动下，我们正处于第四次工业革命的开端。[①] 这一轮工业革命的核心是智能化与信息化，进而形成一个高度灵活、人性化、数字化的产品生产与服务模式。第四次工业革命在数字革命的基础上发展起来，与第三次工业革命相比，数字技术变得更为精深，一体化程度更高；互联网变得无处不在，移动性大幅提高；传感器体积变得更小、性能更强大、成本更低；人工智能和机器学习也开始崭露锋芒。虽然第四次工业革命刚刚开始，但却正在彻底颠覆我们的生活、工作和相互关联的方式。各种新兴突破性技术出人意料的集中出现，涵盖了诸如人工智能、机器人、物联网、3D打印、生物技术、材料技术等诸多领域。尽管其中很多还处于初期阶段，但在物理、数字和生物技术结合的推动下，它们在发展过程中相互促进并不断融合。第四次工业革命让各行各业都发生重大转变，主要表现为新的商业模式出现，现有商业模式被颠覆，生产、消费、运输与交付体系被重塑。第四次工业革命具有以下特征：

发展速度　第四次工业革命呈现出指数级而非线性的发展速度，

---

① ［德］克劳斯·施瓦布.第四次工业革命转型的力量［M］.李菁，译.北京：中信出版社，2016：4.

我们生活在一个高度互联、包罗万象的世界，新技术不断催生更新、更强大的技术，创新的发展速度和传播速度比以往任何时候都快。

规模收益　　数字化意味着自动化，自动化意味着企业规模收益的增加，创造单位财富所需的人力在减少，数字企业的边际成本基本为零。特别是一些供应"信息产品"的新型公司，其产品的存储、运输和复制成本更低。

协同与整合　　第四次工业革命让不同学科之间的协同与整合变得更为普遍。各领域技术之间的融合，以及它们横跨物理、数字和生物几大领域的互动，决定了第四次工业革命与前几次革命有着本质的不同。

机器学习　　人工智能被视为引领第四次工业革命的核心技术，机器学习是人工智能最核心的特征，机器学习是人工智能技术获取知识能力的过程，使用"深度神经网络"的机器学习方法，能够产生长期依赖人类思想者无法领悟的结果和创新。算法的丰富、算力的加持让人工智能变得无处不在，机器学习不像人类理性那样通过推理得出结论，而是运用自己发展的模型得出结论，在多数情况下将提出新的解决方案或方向，带有非人类的学习和逻辑。

二、工业 4.0 的驱动力量

工业 4.0 将推动人工智能的发展，亨利·基辛格将人工智能定义为"能够执行具有人类智能特征的任务的机器"[①]，人工智能具有四种革命性的特征：不精确，能够通过消化数据学习，并根据数据得出结论，相比以往的机器，不需要精确的输入和输出；动态，随着环境变化而进化；新颖，给出对人类来说新奇的解决方案；能够学习，学习技术的构建模块是算法，相比经典算法由产生精确结果的步骤组成，机器学习算法是由改进不精确结果的步骤组成。世界经济论坛创始人兼执行主席克劳

---

① [美] 亨利·基辛格，埃里克·施密特，丹尼尔·胡腾洛赫尔. 人工智能时代与人类未来 [M]. 胡利平，凤君，译. 北京：中信出版社，2023：66.

斯·施瓦布将人工智能时代的技术驱动力归为三类：物理类（无人驾驶技术、3D 打印、高级机器人和新材料）、数字类（物联网）和生物类（生物基因技术）①，并认为三个门类相辅相成，不同技术之间相互融合、相互促进，各项技术均可从彼此的发明和进步中受益，数字、物理和生物领域的跨界整合是颠覆一个行业的关键。与单一门类的创新不同，人工智能更加强调不同领域的跨界与融合，从简单的数字化向更为复杂的创新模式（即以创新的方式综合利用多种技术）转型趋势势不可挡，物理类、数字类、生物类的跨界融合是工业 4.0 时代的重要驱动力量。

工业领域的人工智能主要表现为智能制造，智能制造指工业品生产过程中，基于信息物理融合系统（Cyber-Physical Systems，即 CPS）、物联网和服务网，应用现代通信与信息技术、计算机网络技术、行业技术、智能控制技术等，使生产高度自动化、实现价值链横向和纵向无缝连接，整合各种资源，实现高度协同的过程。② 物联网和服务网是智能制造的两个基点，物联网实现了物与物的广泛联系，服务网以服务为功能，应用于产品的售前、售后服务中。但无论是物联网还是服务网功能的发挥，先决条件是云计算和大数据，智能制造的实现以信息化为支撑，各行业企业的横向集结，工业企业的纵向联合，信息技术使制造企业、生产企业与服务企业之间的边界更加模糊。但智能制造不仅需要信息化的支撑，更需要信息化和自动化高度集成的智能化系统，CPS 是智能制造的核心技术，是整合各种资源进行智能生产的中枢。本质上 CPS 是一个具有控制功能的物理设备网络，颠覆了传统的数字控制系统，将通信与计算、控制放在同样重要的地位，将物理设备互连起来，改变人与物理世界的互动方式。信息化与自动化的高度集成是智能制造的驱动力量。

---

① ［德］克劳斯·施瓦布. 第四次工业革命转型的力量［M］. 李菁，译. 北京：中信出版社，2016：16.

② 丁兴良. 丁兴良讲工业 4.0［M］. 北京：中华工商联合出版社，2015：35.

三、工业4.0的颠覆性影响

以智能制造、大数据、物联网、机器学习等为代表的工业4.0时代，颠覆性创新技术发展层出不穷，科学技术呈指数型爆发式发展，各领域技术集成、交叉叠加综合发展，正在彻底颠覆我们的生活、工作和相互关联的方式，各行各业都发生重大转变。

个性化定制产品。传统市场中，厂家卖什么消费者就买什么，工业4.0时代带来了定制化的思潮，消费者不再被动等待和千挑万选心仪的物品，而是可以直接向生产端订购，消费者成了生产企业的产品研发人员。不但产品可以定制，服务也可以定制，消费者不仅仅是购买产品的过程，也是购买个性化服务的过程。制造企业立足于满足消费者的个性化要求设计和生产产品，以客户需求为产品研发基点，在与客户的互动定制中制定产品解决方案。智能工厂、智能生产和智能物流每一个领域都能够精确满足客户个性化的要求。

柔性化生产方式。目前的商业模式概括起来属于大规模大批量生产模式，满足的是社会对大量工业品的需求，是一种追求规模效益的刚性化生产。工业4.0将推动向小规模、小批量、多批次生产模式转变，是一种以消费者为导向、以需定产的柔性化生产模式，要求企业对市场即消费者的需求应有精准的把握，对生产流程实行灵活的信息化控制。柔性制造主要体现在生产线柔性和供应链柔性，柔性生产线具有小规模、个性化、周期可控的特点，可以快速完成产线切换，生产任何范围的产品族实现跨界转产。生产线的柔性还体现在生产过程中不是人指挥机器而是产品指挥机器，嵌入式电子芯片让产品制造过程中元器件智慧机器成为可能，集中型生产模式被终结，取而代之的是智能化的灵活生产程序；供应链柔性则是生产方式从"由产定销"转变为"由销定产"，帮助企业控制成本、减少库存。

数据的挖掘与对接。人工智能改变了传统的人口细分方法，对数据的掌握与挖掘变得越来越重要，可以说企业竞争点将在于对数据和信息的占有与利用。一方面，获取和利用数据成为企业运营的核心，基于客户共享数据和互动，数字技术可以为企业发现潜在客户，通过数据挖掘（包括个人、行业、生活方式和行为的数据），企业能从细节上理解客户的购买过程，了解客户的需求和行为，完善产品和体验，做出更好的推广和销售策略。另一方面，数字技术被用于完善产品和服务，提高产品和服务的价值，新技术也改变着各类组织对资产的理解和管理方式。通过软件的升级和连通，可以提升已售产品的价值，数据分析技术让产品处于被监控状态，提升售后服务体验与质量，数字分析对资产绩效进行预测，为企业划分核心与战略性业务做参考。此外，任何工业产品在生产制造中都是由一串相互关联的节点组成，每个节点都创造着产品的价值，这些节点是动态的、相互关联和相互作用的，每个节点的设置和管理是否科学都直接影响着其他节点效能的发挥，最终影响着终端产品的市场竞争力。加之，用户的个性化需求被分解设计成不同模块，传统的零配件商转型成为模块商，产品价值链数据的无缝衔接至关重要。除了产品的价值链，还存在企业和行业的价值链，产品价值链围绕产品生产过程，企业和行业价值链是企业横向的相互联系，企业内部部门之间的联系，人工智能时代，实现价值链各节点数据的无缝连接是基本要求。

  平台运营模式。完整的工业周期包括设计、生产、物流、销售、服务等一系列相互联系的价值创造活动，第四次工业革命改变了传统的企业运营模式，迫使企业思考如何在实践中整合线上与线下世界，数字化的网络效应催生了一个重要的运营模式——平台。平台是一种通过聚集大量用户，在跨国和全球范围内为用户提供价值的数字服务，平台运营模式构建了多主体共享的商业生态系统，并且产生网络效应实现多主体共赢，改变了传统的双边运营模式，打破传统行业各自为政的局面，实现多主体的交易与互动。同时，平台为产品和服务的结合创造了全新的颠覆性方式，将消费者与制造企业链接起来，实现二者的无缝对接，不仅实现销售的功能，更提供服务，让定制化更为便捷。此外，平台促使企业由层级制结构向网络化、更具协作的模式转变，企业日益倾向于围绕分布式团队、远程工作者和具有互动性的集体进行架构，并围绕当前的任务和工作，持续不断的相互交换数据和观点，协作式创新越来越重要。

第二节 工业4.0与职业教育的转型

安东尼·塞尔登认为教育的历史就是人类的历史，在人类漫长的历史上，发生过三次教育革命，而在当下，人工智能、增强现实和虚拟现实等将成为第四次教育革命的内容。①

一、工业4.0与第四次教育革命

第一次教育革命是有组织的学习，是必要的教育，在家庭单位、团体和部落中向他人学习构成了第一次教育革命，围绕着生存和培养下一代运转，随时随地传授应用性知识，几乎没有给休闲、艺术或遐想预留空间。第二次教育革命是学校和大学的到来，是制度化的教育，随着人口的增长、粮食稳定产出和部落的发展，人类结束了游牧的生活方式，开始了定居，且城市化也开始出现，新兴文明的复杂性要求一种更系统的教育形式。第三次教育革命是印刷与世俗化，是大众化教育，改变了第二次教育革命中只有特权的世俗人士和宗教人士才能享有教育、学校数量受到严格的限制的局面，让教育成为全民教育。

但是，第三次教育革命带来的是被称作"工业教育"的教育模式，衍生出了以下五大难题：

---

① ［英］安东尼·塞尔登，奥拉迪梅吉·阿比多耶. 第四次教育革命——人工智能如何改变教育［M］. 吕晓志，译. 北京：机械工业出版社，2019：1.

第一，未能克服根深蒂固的社会阶层固化问题。虽然第三次教育革命提供了全员教育，但是几乎没有解决世界范围内的社会阶层流动问题，精英阶层的子女依旧更有机会进入学术水平优良、朝气蓬勃的学校，公立学校窄化课程内容来促进学业成绩的做法，为学生挤出了更多的自由时间，反而加剧了精英阶层和工薪阶层子女的差距，精英阶层有更多的时间和金钱来投资对子女的教育。第二，教育制度僵化。工厂教育模式中，学生们在学校的教育之旅就像是在生产线上进行，学生拥有同样的课本、同样的进程、同样的教学等。第三，教师因行政而不堪重负。教材编写、课堂组织、考勤管理、处理不当行为、记录学生成绩、提交学业报告等占用了教师越来越多的时间，教师们付诸课堂教学的时间与精力已经大为减少。第四，大班级抑制学习的个性化和学习的广度。过大的班级规模限制学生个人意愿的表达，学生个性化的总目标更难设定，教师对每一个学生的关注减少等。第五，教育的同质化和缺乏个性化。工业教育模式教育更多的被用于培养学生的认知技能（理解复杂思想、有效适应环境、从经验中学习、参与推理、通过思考克服困难等），对学生非认知技能（良好身心状态、满足感、成就感等）关注较少。学生享有同一套知识体系，独立思考的空间很小，考试往往也只是寻求标准答案，几乎没有个性化的可能。

工业4.0特别是人工智能、增强现实和虚拟现实等技术正在催生第四次教育革命，有利于解决工业教育模式存在的问题，培养学生的创造性思维和思辨能力，解决规模化教育下的个性化教育问题，将教师从繁重的行政工作中解放出来，使教师的情感和智慧与学生们求真的目光碰撞出火花等。具体来说体现在以下方面：人工智能可以为所有学生提供高质量教育，从而增加社会流动性；人工智能让每个学生按照自己的节奏进行学习；人工智能设备减轻了教师的负担，让教师有更多的时间和精力花在学生和教学上；人工智能为学生提供更丰富多彩的知识，更好地提升每个学生的认知能力，在学生多元智能培养上起着重要的作用；人工智能在社会学科，尤其是人文学科方面，让学生有了说出自己想法的机会。此外，人工智能还能够激励学生和教师，为学生步入职场做准备；鼓励终身学习。

二、第四次教育革命与职业教育的转型

（一）教育转型的内涵

内涵包括形式内涵和实质内涵，教育转型的形式内涵在于回答转型"意味着什么"，是一种什么样的变化过程，不具体回答特定的教育转向哪里，只回答教育转型具有哪些特征。实质内涵在于回答"教育将转向哪里"，如从传统教育向现代教育转型。要研究职业教育的转型就先要研究其内涵。

我们先来看教育转型的形式内涵。"教育转型"更多的受启于"社会转型"的提法，社会转型的概念最初也是对生物学的转用，在生物学中，某物内部构成要素以及该物同周围他物的各种交换关系因有着特定而有效的组合，使该物具有相对稳定的存在方式，这种稳定的组合方式，叫"成型"。"型"就是指该事物的稳定结构及存在方式。"转型"使指生物物种间的变异，即结构的转变。西方社会学家借用这个概念来描述和分析社会结构具有进化意义的转换和性变。认为只有社会的结构即存在状态发生方向性的、整体性的、根本性的变革，从原有的发展轨道进入到新的发展轨道，才称得上是"社会转型"。毫无疑问，教育转型是教育从一种形态向另一种形态的转变，这种转变是整体性的、根本性的变化。[①]无论是整体的质变，还是部分质变或量变，教育转型都意味着前后两种教育之间的变化。所以教育转型也属于教育变化，与教育变迁、教育变革等既有共性也有区别。

1. 教育转型与教育变迁

教育转型是一种教育变迁，但却是一种彻底的教育变迁，并非所有

---

① 鲁洁，冯建军等. 教育转型：理论、机制与构建 [M]. 北京：教育科学出版社，2013：6.

的教育变迁都可以成为教育转型，变迁可以是质变也可以是量变，但转型更多强调的是质变。变迁可以是局部也可以是整体，但转型更多强调的是整体。变迁是自然的历史过程发展过程，多历史发展的客观描述，没有明确的预测，但转型不在于历史，而在于对现实的变革，有转向哪里的强烈期待。

2. 教育转型与教育变革、改革

无论是有无预期计划的教育变革，还是有目的的教育改革，重点都在于"改"。通过"改"可能导致教育发生变化也可能没有变化；变革、改革可能促进教育转型，但也可能没有促进教育转型；教育转型可以通过教育变革、教育改革，由外力来推动，但也可以是内生的，是教育系统的自组织。

3. 教育转型与教育革新、教育革命

革新和革命方面强调"革"除旧的，另一方面强调生成"新"的。教育革新、教育革命是教育转型的促动因素，但不必然导致教育转型。

4. 教育转型与教育发展

教育转型是中性的，转型后的教育可能是发展的，也可能是倒退的。教育发展可能是局部的变化，量的变化，也可能是根本性的，质的转换。在后一个意义上，教育发展表现为一种教育转型。所以，教育发展与教育转型有交叉与重合之处。发展中有转型的部分，转型中有发展的部分。

总之，教育转型不同于教育变迁、教育变革、教育改革、教育革新等，就在于它是教育的结构形态、运转模型和教育性质、观念的根本性转变过程。

形式上的教育转型具有如下特点：

第一，教育转型是教育从一种类型向另一种类型转变的过程和结果。把"转型"当动词（偏重于"转"），教育转型是"转"的过程；把"转型"当名词（偏重于"型"），教育转型是"转"后的结果。教育转型可以看作是一种教育范式的"革命"，我们研究的是处于危机中的前一种形态的教育"怎么转型"为后一种形态，而不是研究转型后新的教育形态。

新的教育形态的形成，标志着教育转型的完成。

第二，教育转型是教育整体的质的转换。教育转型不是教育的局部变化，而是教育形态的整体转型，一种整体性的教育发展过程。转型是一种形态的教育向另种形态教育的转换，前后是两种不同性质的教育。教育转型是教育变迁过程中的一种质变，一种"飞跃"。

第三，教育转型是以教育目的为核心的结构性变动。教育要素众多，但所有的要素都以教育目的为核心而组织，因此，教育转型以教育目的为主体，由教育目的转型带动教育要素的结构性转变。

第四，教育转型具有异质性和冲突性。教育转型要有一个过程，这个过程就是教育的转型期。处于转型期的教育可称为"转型中的教育"。转型期中，"旧辙已破，新辙未立"，前后两种异质的教育形态并存，整个转型过程充满着新与旧、传统与现代的矛盾与冲突。经过这样一个变动剧烈、时间相对短暂的转型期，旧的教育形态被打破，形成了新的教育形态，教育转型即告完成。

第五，教育转型具有情境性和不确定性。教育转型发生在教育历史的变迁中，但教育具体向哪里转，不存在一个永恒的答案。任何的转型都是特定时代、特定社会、特定国家的教育转型，是当时教育内外因素综合作用的结果。所以，教育的发展必然伴随着教育转型，但转向哪里，怎么转，由不同转型主体的状态与客观环境的适应程度而决定，具有情境性。

教育转型的实质内涵。对教育转型的实质，需要我们结合不同历史时期的教育变迁、教育发展做回答。一是从教育与社会的关系出发分析作为社会现象的教育转型，农业社会教育到工业社会教育，是教育发展史上的第一次转型；从工业社会到后工业社会是教育的第二次转型。我国的教育要实现从工业社会教育向信息社会教育的过渡。二是人类发展中的教育转型，教育从依附性的无"人"的教育到个人主体性的有"人"的教育，从不完善的"单子式"个人主体教育到完善的"主体间性"的类主体教育。三是教育系统自身的转型，从融于生活的教育，到独立形态的学校产生，再到学校系统的形成、学制的出现，以至于制度化教育的反思、终身教育和学习化社会的形成，教育系统也在不断地转型。

（二）职业教育转型的核心

教育转型以教育目的为主体，无论哪个层面的教育转型，最根本、最关键的都是教育目的。教育目的是一切教育工作的出发点，也是一切教育活动的归宿。教育转型的核心是教育目的的转型，即培养什么样的人的转型。职业教育转型的核心是从培养"技术人"向培养"智慧人"转型。

"技术人"中心培养下的学生是用技术搭建起来的，学生的价值用取得的技术量来评判，知识与技术的地位被无限抬高，人性中的伦理道德、审美情感被弱化，教育的任务就是实现学生的知识和技术人化。"技术人"把人视为一种"认识着的东西而存在着，人的第一使命就是向他之外的客观世界索取种种知识"。人的主要功能就是认识，而知识与技术被当作认识的唯一结果。

从哲学视角出发，职业院校"技术人"的培养逻辑彰显出了职业教育哲学的贫困。聚焦于三个最为关键的哲学维度：一是在人与世界的关系上，"技术人"的培养彰显了"认识论"与"符合论"的倾向，"认识论"与"符合论"是近代哲学与科学理性的典型特点，认为主体与客体、价值与现实是二元对立的，人们只能选择其一；现存世界的存在是不证自明的，现存世界及所发生的事情都是人认识的结果，真理即清楚明白，主观符合客观，以知识本体论为哲学基础。"what it is?"（是什么？）是近代哲学与科学理性的主题。由此出发，"技术人"的培养主要关注技术是什么以及怎样使人的认知符合客观事实。二是认识论上，"技术人"的培养体现了"实体论"的思维方式，实体思维方式把世界解释为独立自在的存在，追求的是最终的、永恒不变的静态实在，是一种绝对的预定论。"技术人"的培养将学生的发展主要归结于外力作用，用掌握知识与技术的多少评判学生的发展程度，将教学的过程看成是填充的过程。三是方法论上，"技术人"的培养体现了"还原论"，"还原论"是一种简单科学范式，将知识看成是孤立的存在，将高层的、复杂的知识分解为较低层的、简单的对象进行处理。"技术人"的培养过程中，技术被具体专业所承载，专业化程度的加深带来了技术不断地分裂，专业壁垒地加强导致技术普遍联系的割裂，技术与技术之间的联系越来越弱。[①]

"智慧人"是把人视为生活者，生活是第一性和目的，人能够自由的参与和全心全意的投入能完全吸引他们的活动与关系中。这就要求应由发展学生的理智能力的教育转向有价值的活动的教育，在了解生活各种可能性的基础上，引导学生制定生活计划，并根据生活计划自主选择知识。

首先，在人与世界的关系上，"智慧人"的培养彰显的是"功能论"与"实践论"的倾向，"功能论"与"实践论"是当代哲学与历史理性的典型特点，强调主客体之间的交互作用，真理即创造，把对外部世界的关注转向了对人的内在生活的考察，以面向人的历史、人的现实生活的文化本体论为哲学基础。"what can do?"（怎么做？）是当代哲学与历史理性的主题。"智慧人"的培养强调知识与技术的运用，主要关注的是怎样将知识内化，并在实际生活中运用。

其次，在认识论上，"智慧人"的培养彰显的是"过程性"思维方式，"过程性"思维以联系、运动、变化、发展的观点看待世界，追求的是变化、生成的动态存在，是一种创造论。"智慧人"的培养起决定作用的是内在因素，学生自我成长的过程是创造性的进展，学生的成长是与外部联系的、是整体协同的。

最后，在方法论上，"智慧人"的培养体现"系统论"的方式。"系统论"的对象是事物整体与部分以层次之间的关系，强调相互协同与从整体上解决问题，是一种复杂的科学范式。"智慧人"知识结构上具备哲学、人文社会科学、自然科学等多方面知识，具备从整体上发现和解决问题的能力。

---

① 杨杏芳. "钱学森之问"与中国高等教育哲学的贫困 [J]. 教育研究与实验，2014（2）：57—61.

具体到职业院校技能人才培养目标，人工智能引发了全社会的多重变革，浸润其中的"现代职业人"的能力结构与实存样式也逐渐发生变化。因此，应在人工智能赋能下发展灵活的以能力为本位的职业教育，为学习者整个职业生涯奠定坚实的基础，在能力结构方面以智能之眼预见未来职业教育智慧之才的培育走向。

第一，职业院校技能人才应以锻造高阶多元的职业能力为目标。未来的经济与就业，需要人们具备强大的基本技能、适应性、创造力和终身学习能力。人工智能业已融入人们日常生活中，单一职业能力组成已无法适应社会发展的前进步伐，这意味着发展批判性思维、创造力和解决问题能力等全方位职业能力至关重要。因此，需要积极依托职业教育锻造高阶多元的职业能力。

第二，职业院校技能人才应培植匠心为目标。"匠心"是在技能、艺术方面独特的创造性，反映出匠人对"真善美"的价值追寻，其核心素养由反思、创新、协作等基本要点组成。培植匠心映射出职业教育在能力之维上"匠与器"的结合，实现了学生职业性与精神性的协同。人工智能技术在"时"与"空"的复合影响下，使职业教育教学过程显现多样化美感，反映了人工智能赋能职业教育的新时代要义。智能时代的职业教育不仅要理性应对科技潮流动态的裹挟，更要关注开启学生求真、求善、求美的内在生命视域，在教学全过程植入人工智能思维和意识的同时，将匠心培育寓于学生技术技能形成的过程之中，克服功利取向，关注技术的人文向度和人的整体性育成，使学生感知生命的真谛，通过培植匠心、孕育工匠精神促使学生不懈追寻"真善美"，最终实现个体生命的完满发展。

第三节　工业 4.0 与高职院校技术技能人才培养的应对

"智能＋职业教育"利用大数据、虚拟现实（VR）、增强现实

(AR)、混合现实技术（MR）、云计算、人工智能、区块链等新一代信息技术的创新潜力，实现新一代信息技术与职业教育的深度融合，开展专业动态调整、虚拟仿真实训、在线教育，赋能职业教育应对智能时代工作世界变革带来的新挑战，促进职业教育与智能时代工作世界变革保持同步，是高职院校技术技能人才培养对工业 4.0 的应对。

一、大数据赋能职业院校专业动态调整

大数据技术具备数据收集、趋势预测与决策支持的功能，赋能职业教育开展专业动态调整，实现时效、超前与精准的职业教育专业设置。数据驱动的专业动态调整主要包括收集职业数据与专业设置数据、预测技能供需趋势及提供专业设置决策支持三个步骤。

第一，收集职业数据与专业设置数据。利用大数据技术实时抓取或定期获取细粒度和详细的职业数据与专业设置数据，这是专业动态调整的第一步。实时抓取是数据收集的重要形式，对职业数据与专业设置数据的实时抓取或定时收集，有利于追踪和了解各个时间阶段的技能供需状况，助力职业教育实现时效性的专业设置。

第二，预测技能需求与供应的趋势。对职业数据的处理和分析可预测新职业和新技能的需求趋势，对专业设置数据的处理和分析可预测技能供应趋势，这是数据驱动的专业动态调整的第二步。

第三，提供专业设置决策支持。基于技能供需趋势的预测，揭示不同地区和行业技能供需的内在规律，获取各行业的通用技能需求与专业技能需求、各地区和行业技术技能人才的需求规模和结构等信息和知识，判断职业教育专业定位、规模、结构、布局和课程设置等与技能需求的匹配程度，为专业设置决策者提供精准的决策参考，这是专业动态调整的最后一步。

二、虚拟仿真赋能职业院校教学方式创新

VR、AR、MR等具备模拟真实环境与营造身临其境的功能，其中MR是VR与AR的进一步发展，其以一定的比例将真实环境和虚拟环境混合为一个整体的环境，能增强用户体验的真实感。这些技术赋能职业教育开展虚拟仿真实训，为学习者创造有关工作情境的学习体验，有利于学习者习得人机协作技能、智慧技能、专业技能等高端复合技能。虚拟仿真实训主要包括模拟展示、模拟实践和模拟工作等三类教学活动。

第一，模拟展示教学活动是教师向学习者展示基于VR、AR等模拟的工作设备外部构造、内部结构及运行过程等，为学习者提供现场观摩与技能感知的学习体验，其开展有利于实现理论教学与实训教学的有效融合。

第二，模拟实践教学活动是学习者在基于VR、AR或MR等开发的虚拟实训环境中操作模拟的工作设备，并具备在真实环境中的操作感受和效果，以完成特定的、单一的工作任务的学习过程，支持学习者获得完成工作任务的沉浸式学习体验以及技能模仿与练习的学习体验，其开展依赖虚拟仿真实训资源，有利于促进实训资源的建设与共享。

第三，模拟工作教学活动是教师模拟企业中的真实工作情境、过程及活动，开展探究式或项目式的教学活动，组建学习者团队在基于VR、AR或MR等开发的虚拟工作情境中协作完成由多个工作任务组成的工作活动的过程，为学习者供有关工作情境的深度学习和技能内化的学习体验，其开展能够对校外实习实训的教学活动形成补充。

三、在线学习赋能职业院校个性化人才培养

云计算、人工智能以及区块链技术等的结合赋能职业教育开展个性化的在线学习。人工智能是公认的实现个性化学习的重要技术，能够为

学习者定制学习计划，匹配学习资源，提供个性化的在线服务。包括应用学习分析技术构建自适应学习系统，跟踪学习者的学习记录，识别学习者的知识差距、学习风格、行业领域、学习需求等，为学习者推荐或定制适合的培训计划；根据学习者的学习记录数据，识别和分析学习者的学习状态，为其动态匹配教师，将需要最大帮助的学习者与时间最多的教师进行匹配，或为学习者实时推送所需的课程资源等。同时，区块链技术具备数据永久储存、安全防篡改、可追溯可验证等功能，能够赋能培训认证与学习记录保持可靠安全。基于区块链技术的培训认证和学习记录已在职业教育实践中获得探索。学习者可以获得用于记录和认证学习活动与学习成果的数字证书，其是一种连续的学习记录，可以安全地验证学习活动并为其加入时间戳，学习活动不能被删除或篡改，并且只有拥有正确加密密钥的人才能读取链上记录。政府、企业、教育组织可以作为授权用户对学习者的数字证书进行查询、访问和验证，以便根据学习者的学习数据判断是否给予其就业或升学机会。区块链技术在我国学分银行建设中的潜力备受关注。

四、物联网赋能职业院校主体融合

主体融合行动可依从以下步骤：一是遴选共生单元，有效整合资源。需要从"政—校—企—技术交互体"四类主体中遴选共生单元，预测其合作意向和合作潜力，探明深度融合与协同的利益焦点，并将相关隐性资源有效转化为可以合作、共商、共建的显性资源，为合作共生提供后备资源。二是建构"无界"联结网络，打破政府、企业、高职院校的合作变革壁垒，建构"师—机—生"三元主体的协同场景，在技术共生、产教融合、校企合作背景下真正实现学生线上学习、线下学习、校内学习、企业实训等各个环节的合理衔接。三是拓展技术赋能"师—机—生"融合的路径。通过实施智慧教育、虚拟现实技术和仿真技术，将学生置于真实的工作场所进行学习和实践。同时，采用人机协同交互的教学策略，将智能设备用于包括课前课后、线上线下的全过程教学环节，形成"收集分析数据、指导学生、制订计划、实施培养方案、评价检查、结果反馈"的整体性课堂改革行动方案。四是培育共生环境，建立教学场域的多维空间。建构政府、高校、企业"三位一体"的协同发展机制，政府需致力于价值引领和政策建构，为院校和企业搭建共生平台；政、企、校共生打造教育云平台，致力于信息共享，实现教育资源的系统化、稳定化、结构化、开放化，打破主体融合的时空壁垒。